イラストでパッと見てわかる

基礎からレッスン

オールカラー

CD付き 2枚

はじめての
フランス語

白川 理恵・著

Bonjour!

ナツメ社

はじめに

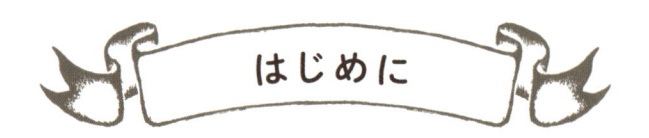

　みなさんは大学生ですか。お仕事や趣味でフランス語を学ぶ社会人でしょうか。子育てがひと段落したお母さん、あるいはお仕事を退職したシニアの方々かもしれません。
　この本では、このようにさまざまなバックボーンをお持ちのみなさんが、フランスでの旅行や日常生活で「こんな風に言えたら便利だな」と思われるようなフレーズをたくさん用意しました。しかも、入門レベルのごく簡単な文法や動詞を使って話せることをめざしています。文法事項の説明が絞られているため、少し物足りなく感じた方は、続

けて初級や中級のテキストを使ってフランス語を勉強することをおすすめします。

　本書で扱うフランス語の文法はまだ序章です。それでも「こんなにたくさんのことが話せる！話せた!!」ということを実感してもらうことがこの本のねらいです。「きょうはこのフレーズが使えた」、「この単語を入れ替えたらこんなことも言えるかも」、「あしたはこのフレーズを使ってみよう」と具体的に場面をイメージしながら、旅行や生活の会話で実際に活かしてもらえることを願っています。

　　　　　　　　　　　　　　　　白川　理恵

もくじ

はじめに ……………………………………… 2
本書の使い方 ………………………………… 8
キャラクター紹介 …………………………… 10

Chapitre 1　まずはここから！ フランス語のキホン 12 カ条

1　フランス語の特徴 ……………………… 12
2　アルファベと発音の基本 ……………… 14
3　名詞 ……………………………………… 18
4　冠詞 ……………………………………… 20
5　形容詞 …………………………………… 22
6　規則動詞 ………………………………… 24
7　不規則動詞 ……………………………… 26
8　前置詞 …………………………………… 28
9　肯定文 …………………………………… 30
10　疑問文 ………………………………… 32
11　否定文 ………………………………… 34
12　命令文 ………………………………… 36

　　復習しよう ……………………………… 38
　　数字と序数の数え方 …………………… 42
　　日にちの表し方 ………………………… 44

Chapitre 2　そのまま覚えればOK！ すぐに使えるあいさつ

1　基本のあいさつ ………………………… 46
2　初対面のあいさつ ……………………… 48
3　別れと再会のあいさつ ………………… 50
4　返事のことば …………………………… 52
5　食事のあいさつ ………………………… 54
6　感謝のことば …………………………… 56
7　お詫びのことば ………………………… 58
8　お祝いのことば ………………………… 60

　　時間の表し方 …………………………… 62

Chapitre 3 押さえておきたい！マストな超基本フレーズ

1. 自己紹介などで使う表現（動詞 être）
   わたしは〜です。 ……………… 64
2. 提示の表現①（指示代名詞 ce）
   これは〜です。 ……………… 66
3. 好みを述べる表現（動詞 aimer）
   わたしは〜が好きです。 ……………… 68
4. 提示の表現②（提示詞 voici, voilà）
   こちらに〜が、そちらに〜があります。 …… 70
5. 提示の表現③（非人称構文 Il y a 〜.）
   （〜には）〜があります。 ……………… 72
6. 近接未来（動詞 aller ＋不定法）
   〜するところです。 ……………… 74
7. 近接過去（動詞 venir de ＋不定法）
   〜したばかりです。 ……………… 76
8. 能力の表現（動詞 savoir）
   〜できますか? ……………… 78
9. 許可の表現（動詞 pouvoir）
   〜してもよいですか? ……………… 80
10. 依頼の表現（動詞 pouvoir）
    〜していただけますか? ……………… 82
11. 願望の表現①（動詞 vouloir）
    〜が欲しいです。 ……………… 84
12. 願望の表現②（動詞 vouloir）
    〜したいです。 ……………… 86
13. 必要・義務の表現①（動詞 devoir）
    〜しなくてはいけません。 ……………… 88
14. 必要・義務の表現②（動詞 falloir）
    〜する必要があります。 ……………… 90
15. 物を尋ねる表現（疑問代名詞 que）
    〜は何ですか? ……………… 92
16. 人を尋ねる表現（疑問代名詞 qui）
    〜は誰ですか? ……………… 94
17. 場所を尋ねる表現（疑問副詞 où）
    〜はどこですか? ……………… 96

5

18 時を尋ねる表現 (疑問副詞 quand)
いつ〜しますか? ……………………… 98

19 時間を尋ねる表現 (疑問形容詞 quel, quelle)
何時ですか? ………………………… 100

20 様子・手段を尋ねる表現 (疑問副詞 comment)
〜はどうですか? …………………… 102

21 数量を尋ねる表現 (疑問副詞 combien)
どのくらい〜ですか? ……………… 104

22 理由を尋ねる表現 (疑問副詞 pourquoi)
どうして〜ですか? ………………… 106

復習しよう…………………………… 108
方位・位置関係の表し方 …………… 112

Chapitre 4 　これで旅行もバッチリ! 場面定番フレーズ

L'aéroport　空港 …………………………… 114
1　空港内で使えるフレーズ ……………… 116
2　タクシー乗り場などで使えるフレーズ … 118

L'hôtel　ホテル …………………………… 120
3　フロントで使えるフレーズ …………… 122
4　ホテルのサービスに関するフレーズ … 124
5　ホテルでのトラブルを伝えるフレーズ … 126

Le restaurant　レストラン ………………… 128
6　注文に使えるフレーズ ………………… 130
7　食事を楽しむフレーズ ………………… 132
8　食後に使えるフレーズ ………………… 134

La boutique　ブティック …………………… 136
9　試着に関するフレーズ ………………… 138
10　レジで使えるフレーズ ………………… 140

Le marché　マルシェ …………………… 142
11　会計に関するフレーズ ………………… 144
12　店主との会話を楽しむフレーズ ………… 146

Le tourisme　観光 ………………………… 148
13　観光案内所で使えるフレーズ ………… 150
14　観光地で使えるフレーズ ………………… 152

La maison　家 ……………………………… 154
15　玄関先のあいさつに使えるフレーズ …… 156
16　家族とのコミュニケーションに使えるフレーズ …… 158

Les communications　通信 …………… 160
17　電話に関するフレーズ ………………… 162
18　インターネットに関するフレーズ ……… 164
19　郵便に関するフレーズ ………………… 166

Les problèmes　トラブル ………………… 168
20　道に迷った際に使えるフレーズ ………… 170
21　紛失・盗難の際に使えるフレーズ ……… 172
22　病院・薬局で使えるフレーズ ………… 174

　　覚えておきたい基礎単語 ……………… 176
　　基本動詞の活用 ………………………… 182

7

本書の使い方

本書は、初級フランス語を4つのステップで学習します。
附属のCDで音声を聞きながら、実際に使える
文法やフレーズを学んでいきましょう。

Chapitre I　まずはここから！ フランス語のキホン12カ条

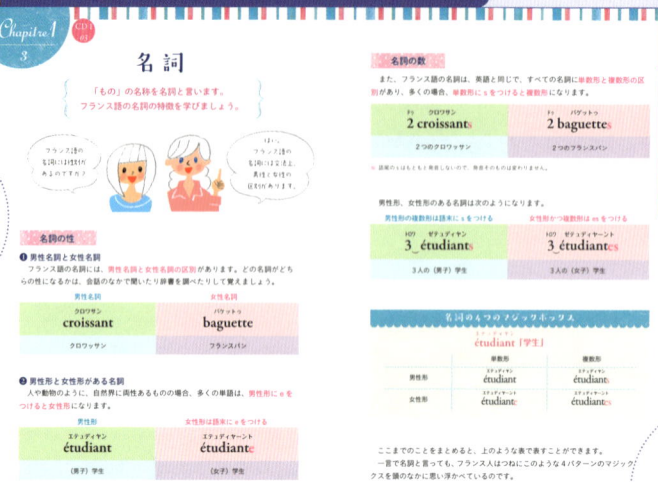

フランス語のつづりと発音のルールを覚えましょう。

初級フランス語に欠かせない文法を覚えましょう。

Chapitre II　そのまま覚えればOK！ すぐに使えるあいさつ

シチュエーション別によく使うあいさつを覚えましょう。

Chapitre III 押さえておきたい！マストな超基本フレーズ

基本フレーズの文章構造を理解しましょう。

基本フレーズを使う具体的なケースを見てみましょう。

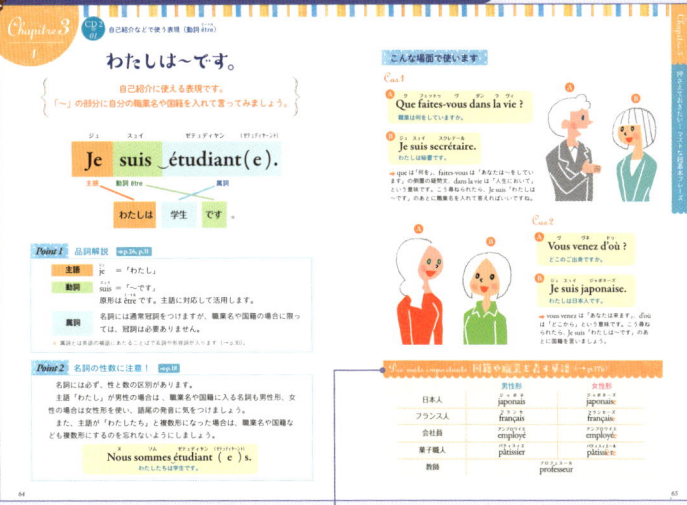

右下の囲みはフランス語やフランス文化についてもっとよく知るためのものです。
- **Des mots importants** 関連する重要単語をまとめています。
- **Avançons !** もう一歩上達するための、発展的な文法を解説しています。
- **Colonne** フランス文化を紹介するコラムです。

Chapitre IV これで旅行もバッチリ！場面定番フレーズ

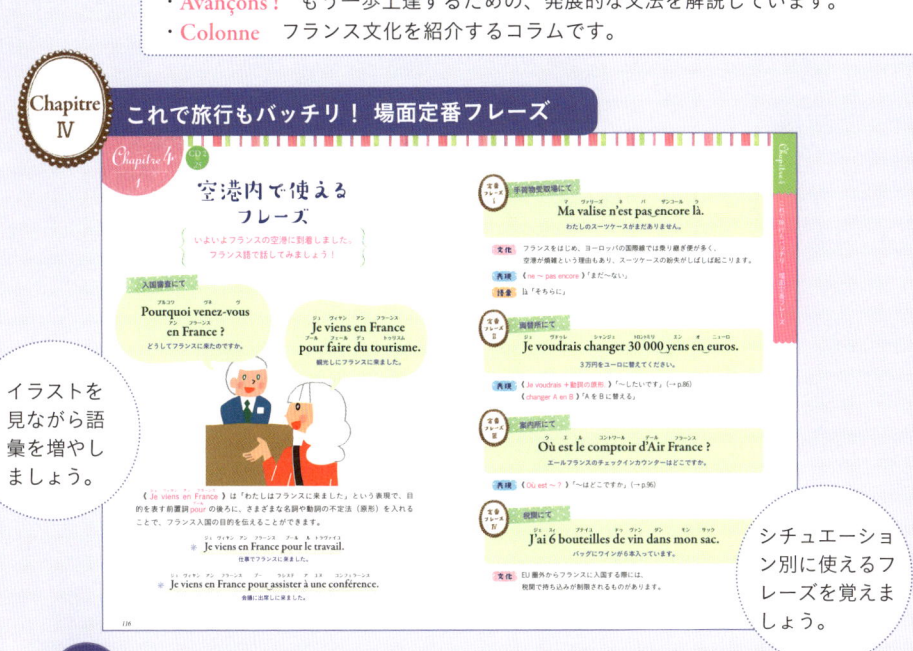

イラストを見ながら語彙を増やしましょう。

シチュエーション別に使えるフレーズを覚えましょう。

【 CD アイコン 】

CD の再生マークです。トラック番号を選んで CD を再生してください。
ネイティブのナレーターに続いて発音の練習をしましょう。

キャラクター紹介

> わたしと
> いっしょに
> フランス語を
> 勉強しましょう！

生徒

最近、フランス語を学びはじめた大学1年生。今度の春休みには友だちとパリを旅行する予定。

> 上手なフランス語を
> 話せるように
> いっしょに
> 頑張りましょう。

先生

語学学校でフランス語を教える先生。授業は親切で丁寧と生徒たちに好評。

Chapitre 1

まずはここから！
フランス語のキホン
12カ条

Chapitre 1-1　フランス語の特徴

フランス語を聞いたことはありますか。
勉強をはじめる前にフランス語のことを少し知っておきましょう。

先生、フランス語を上達するにはどうすれば良いですか？

学習にはコツがあります。まずはフランス語の特徴を知りましょう。

フランス語ってどんな言語？

Vrai ou faux ?（ヴレ ウ フォ）　「本当でしょうか、嘘でしょうか？」

正しいと思うものには vrai（ヴレ）に、まちがっていると思うものには faux（フォ）にチェックしましょう。

❶ フランス語が公用語として使われている国は約 20 です。　vrai ☐　faux ☐
❷ ニューカレドニア島ではフランス語が話されています。　vrai ☐　faux ☐
❸ フランス語を話す人口は、世界の使用言語で 5 位です。　vrai ☐　faux ☐

❶ C'est faux.（セ フォ）　嘘です。
　世界の公用語ランキングでは英語が約 60 カ国で群を抜いて 1 位、続いてフランス語が 29 カ国（15 地域）あり 2 位になるそうです。

❷ C'est vrai.（セ ヴレ）　本当です。
　南太平洋の島、ニューカレドニアの公用語はフランス語です。こうしたフランス語圏の国や地域をフランコフォニーと言います。

❸ C'est vrai.（セ ヴレ）　本当です。
　世界のフランス語人口は現在 2 億 7000 万人にのぼり、世界の使用言語ランキングで 5 位を占めています。

※ 出典：「国際フランコフォニー機構(OIF)」2014 年統計（4 年ごとに更新）より

このようにフランス語を話す国や地域は思っている以上にたくさんあるのですね。

フランス語らしい発音

フランス語は英語とちがって読み方に一定のルールがあるので、発音のポイントをつかめばとても簡単に読むことができます。フランス語らしい発音のルールを早めに習得するのが上達のコツです。ポイントはつぎの3つです。

1 つづり字と発音の対応を覚えましょう！（→ p.14-16）

フランス語のアルファベットの発音は英語と異なるので注意しましょう。特に、**読まない文字**と、**2つ以上連続する母音の特別な読み方**に注意します。

2 鼻母音を意識しましょう！（→ p.16）

フランス語の独特な発音に**鼻母音**があります。**日本語にはない発音**なので、意識して聞き取れるようにしていきましょう。

3 リエゾンやアンシェヌマンでなめらかに発音しましょう！（→ p.17）

フランス語の読み方の最大の特徴は、単語と単語をつなげて読むことです。とくに数字は母音で始まる euro（ユーロ）などの単語とつなげて発音されるので、しっかり聞き取りと発音ができるようになりましょう。

フランス語の学習のコツ

1 名詞を覚えるときに冠詞もあわせて覚えましょう！（→ p.18-21）

英語にはなかった**男性形**と**女性形の区別**に戸惑う人もいます。でも、名詞を覚えるときに男女の区別のある冠詞もあわせて覚えれば、ほら！ 簡単です。

2 動詞の活用は早めに覚えましょう！（→ p.24-27, p.182-183）

英語と異なり**すべての動詞が活用**するので、これも大変に思う人が多いです。後回しにしがちですが、「先んずればフランス語を制す！」（？）です。

3 使えるフレーズを増やしていきましょう！

使える場面を具体的にイメージし、フレーズを心のなかで準備しておきましょう。Chapitre 3 と Chapitre 4 のフレーズは旅行や生活の実際の会話できっと役立ちます。

Chapitre 1

2 アルファベと発音の基本

CD 1 _02_

はじめにフランス語のアルファベで
つづり字と発音の基礎を学びましょう。

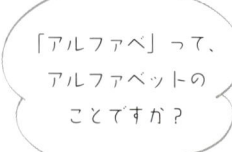

「アルファベ」って、アルファベットのことですか？

そうです。つづりは英語と同じですが発音に注意です。

アルファベ

フランス語も英語と同じ 26 文字のアルファベットを使います。Alphabet とつづり、アルファベと発音します。

Aa ア	Bb ベ	Cc セ	Dd デ	Ee ウ	Ff エフ	Gg ジェ
Hh アッシュ	Ii イ	Jj ジ	Kk カ	Ll エル	Mm エム	Nn エヌ
Oo オ	Pp ペ	Qq キュ	Rr エール	Ss エス	Tt テ	Uu ユ
Vv ヴェ	Ww ドゥブルヴェ		Xx イクス		Yy イグレック	Zz ゼッド

つづり字記号

この 26 文字以外に、つづり字記号と呼ばれる記号がついた文字があります。これは強く発音するというアクセントの発音ではなく、ほかの語と区別するつづり字上の記号です。

アクサン・テギュ	é	é は [e]（唇を横に開いて「エ」）と発音
アクサン・グラーヴ	à è ù	è は [ɛ]（口を縦に開いて「エ」）と発音
アクサン・スィルコンフレックス	â ê î ô û	ê は [ɛ]（口を縦に開いて「エ」）と発音
トレマ	ë ï ü	隣り合う母音は別々に発音
セディーユ	ç	[s] サシスセソで発音（×カキクケコ）

つづり字記号ではありませんが、この他に œ（オ・ウ・コンポゼ）があります。

読み方のコツ①　母音と子音

フランス語の母音は6文字です。それぞれ単語のなかで読まれるときの発音が英語と異なるので注意しましょう。

a	e	i	o	u	y
[a] ア	[ə] 軽いウ／[ɛ] エ／読まない	[i] イ	[o] オ	[y] ユ	[i] イ

これ以外の20文字はすべて子音です。子音はひとまずローマ字と同じように読んでみてください。ただしここで、読まない文字があるので要注意です。

読み方のコツ②　発音しない文字

❶ 単語の最後のeは発音しない

パティスリ
pâtisserie
菓子

ジュ　マペル
Je m'appelle ～.
わたしの名前は～です。

ボンヌ　ジュルネ
Bonne journée.
良い一日を。

ボンヌ　ソワレ
Bonne soirée.
良い夜を。

❷ h は発音しない

テ
thé
紅茶

アリコ
haricot
インゲン豆

❸ 単語の最後の子音は発音しない

サリュ
Salut !
やあ！

ジャポネ
japonais
日本人

フランセ
français
フランス人

クロワサン
croissant
クロワッサン

アルファベ
alphabet
アルファベット

アクサン
accent
アクセント

※ ただし、c, r, f, l は発音することがあります。たとえば、sac（サック）「かばん」、bonjour（ボンジュール）「こんにちは」、neuf（ヌフ）「9」、mal（マル）「悪い」、il（イル）「彼」などです。英語ですが、「Be careful !」の careful に含まれている子音には「気をつけて！」と覚えてくださいね。

※ 第1群規則動詞（→ p.25）の原形語尾 -er はつねに「エ」と発音し、r は読みません。

Chapitre 1　まずはここから！ フランス語のキホン12カ条

アルファベと発音の基本

読み方のコツ③　複母音

2つ以上の連続する母音を複母音と言います。フランス語では新しい別の読み方になるので、ここでまとめて覚えてしまいましょう。

ai, ei	[ɛ] [e] エ	「牛乳」lait (レ)、「苺」fraise (フレーズ)
au, eau	[ɔ] [o] オ	「暑い」chaud (ショ)、「水」eau (オ)
ou	[u] ウ	「ナイフ」couteau (クトー)
oi	[wa] オワ	「クルミ」noix (ノワ)、「洋梨」poire (ポワール)
eu, œu	[œ] [ø] ウ	「バター」beurre (ブール)、「卵」œufs (ウー)

読み方のコツ④　鼻母音

フランス語の特徴的な発音に鼻母音があります。鼻にかかる音を出すように、声を鼻腔にひびかせて発音します。

an, am, en, em	[ã] アン	「フランス」France (フラーンス)
in, im, ain, ein	[ɛ̃] アン	「あした」demain (ドゥマン)
un, um	[œ̃] アン	「1」「(冠詞) あるひとつの」un (アン)
on, om	[ɔ̃] オン	「こんにちは」bonjour (ボンジュール)
ien	[jɛ̃] イヤン	「良い」bien (ビヤン)

つぎの単語にはすべて鼻母音が入っています。鼻母音の練習をしましょう。

アン　ボン　ヴァン　ブラン
un bon vin blanc
一杯のおいしい白ワイン

　読み方のコツには、ほかにも子音や半母音の発音がありますが、本書では割愛します。ここまで見てきたように、この本では読み方がすぐわかるようにふりがなをふっていきますが、カタカナのふりがなだけでは正確なフランス語の読み方はわかりません。付属のCDを聞いてしっかり習得してくださいね。
　さいごにフランス語らしい発音のしくみをもうひとつ学んでおきましょう。

読み方のコツ⑤　連音

　フランス語の読み方の最大の特徴は、**単語と単語をつなげて読む**ことにあります。読み方には決まったルールがあるので、整理しておきましょう。

❶ リエゾン（連音）

　発音されない語末の子音と、つぎの単語のはじめの母音（無音のhを含む）を、**連結して発音する**ことをリエゾンと言います。

Vous êtes … （ヴ ゼット）	Vous avez … （ヴ ザヴェ）	dix euros （ディ ズロ）

※ 語頭のhには有音のhと無音のhのちがいがあり、辞書に印がついています。どちらも発音はしませんが、無音のhは母音と同じ扱いで連音が生じます。

❷ アンシェヌマン（連読）

　発音される語末の子音と、つぎの単語のはじめの母音（無音のhを含む）を、**連結して読む**ことをアンシェヌマンと言います。

Il est … （イレ）	Elle est … （エレ）	Il y a … （イリヤ）	une église （ユ ネグリーズ）

※ 本書ではリエゾンとアンシェヌマンをともに‿で表しています。

❸ エリジョン（母音字省略）

　ある決まった単語の語末の母音を、つぎの単語のはじめの母音（無音のhを含む）のために**省略して読む**ことを言います。省略するときに、'（アポストロフ）でつないで、2つの単語を1つの単語のようにします。つぎの11の単語がエリジョンします。

je → j'	J'ai …（ジェ）→p.27	de → d'	d'arriver（ダリヴェ）→p.76
le → l'	l'hôtel（ロテル）→p.120	que → qu'	Qu'est-ce que …（ケスク）→p.92
la → l'	de l'eau（ドゥロ）→p.84	me → m'	Je m'appelle …（ジュ マペル）→p.48
ne → n'	Je n'ai pas …（ジュ ネ パ）	te → t'	Je t'aime（ジュ テム）
ce → c'	C'est …（セ）→p.66	se → s'	s'ouvrir（スヴリール）→p.127
si → s'	s'il vous plaît（スィル ヴ プレ）→p.37		

※ si は il または ils のみでエリジョンします。

17

Chapitre 1

3

CD 1
03

名詞

「もの」の名称を名詞と言います。
フランス語の名詞の特徴を学びましょう。

> フランス語の名詞には性別があるのですか？

> はい。フランス語の名詞には文法上、男性と女性の区別があります。

名詞の性

❶ 男性名詞と女性名詞

　フランス語の名詞には、**男性名詞と女性名詞の区別**があります。どの名詞がどちらの性になるかは、会話のなかで聞いたり辞書を調べたりして覚えましょう。

男性名詞	女性名詞
クロワサン **croissant**	バケットゥ **baguette**
クロワッサン	フランスパン

❷ 男性形と女性形がある名詞

　人や動物のように、自然界に両性あるものの場合、多くの単語は、**男性形に e をつけると女性形**になります。

男性形	女性形は語末に e をつける
エテュディヤン **étudiant**	エテュディヤーント **étudiante**
（男子）学生	（女子）学生

名詞の数

また、フランス語の名詞は、英語と同じで、すべての名詞に**単数形**と**複数形の区別**があり、多くの場合、**単数形に s をつけると複数形**になります。

ドゥ　クロワサン	ドゥ　バゲットゥ
2 croissant**s**	2 baguette**s**
2つのクロワッサン	2つのフランスパン

※ 語尾の s はもともと発音しないので、発音そのものは変わりません。

男性形、女性形のある名詞は次のようになります。

男性形の複数形は語末に s をつける	女性形かつ複数形は es をつける
トロワ　ゼテュディヤン	トロワ　ゼテュディヤーント
3 étudiant**s**	3 étudiant**es**
3人の（男子）学生	3人の（女子）学生

名詞の4つのマジックボックス

エテュディヤン
étudiant「学生」

	単数形	複数形
男性形	エテュディヤン étudiant	エテュディヤン étudiant**s**
女性形	エテュディヤーント étudiant**e**	エテュディヤーント étudiant**es**

ここまでのことをまとめると、上のような表で表すことができます。
　一言で名詞と言っても、フランス人はつねにこのような4パターンのマジックボックスを頭のなかに思い浮かべているのです。

Chapitre 1
4

CD 1
04

冠詞

名詞の前には冠詞がつきます。フランス語の冠詞は3種類。それぞれ名詞の性数によって形が変わります。

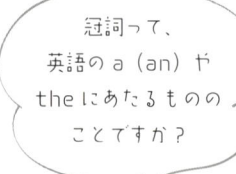

> 冠詞って、英語のa (an) やtheにあたるもののことですか？

> そうです。英語は2種類ですが、フランス語は3種類あります。

不定冠詞

不定冠詞は、はじめて話題に出てきた名詞につきます。特定されない名詞につく冠詞なので「ある～」という意味合いになります。

男性単数形
アン　クロワサン
un croissant
（ある1つの）クロワッサン

男性複数形
デ　クロワサン
des croissants
（あるいくつかの）クロワッサン

女性単数形
ユヌ　バゲットゥ
une baguette
（ある1つの）フランスパン

女性複数形
デ　バゲットゥ
des baguettes
（あるいくつかの）フランスパン

不定冠詞のマジックボックス

	単数形	複数形
男性形	アン un	デ des
女性形	ユヌ une	des

定冠詞

定冠詞は、すでに話題に出てきた名詞や、ある特定の名詞を頭に思い浮かべているときに用いる冠詞です。限定されて「その〜」という意味合いです。

男性単数形
ル　クロワサン
le croissant
（その）クロワッサン

男性複数形
レ　クロワサン
les croissants
（それらの）クロワッサン

女性単数形
ラ　バゲットゥ
la baguette
（その）フランスパン

女性複数形
レ　バゲットゥ
les baguettes
（それらの）フランスパン

※ 定冠詞には、「〜というもの」という意味合いを述べるための総称的用法もあります（→ p.68）。

定冠詞のマジックボックス

	単数形	複数形
男性形	le（l'）ル	les レ
女性形	la（l'）ラ	

※ 母音または無音のhの前では（ ）になります。

部分冠詞

部分冠詞は数えられない名詞の前について、「いくらかの（量の）〜」という意味を表します。数えられないものなので複数形はありません。

男性形
デュ　ヴァン
du vin
ワイン

女性形
ドゥ ラ　ビエール
de la bière
ビール

部分冠詞のマジックボックス

	単数形
男性形	du（de l'）デュ
女性形	de la（de l'）ドゥ ラ

※ 母音または無音のhの前では（ ）になります。

Chapitre 1　まずはここから！フランス語のキホン12カ条

21

Chapitre 1
5 CD1 05

形容詞

> 形容詞は名詞を修飾することばです。
> 名詞との性数一致と位置関係に要注意です。

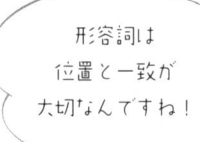

（形容詞は位置と一致が大切なんですね！）

（そのとおりです。しっかり覚えてくださいね。）

形容詞の位置

❶ 名詞の後ろに置く形容詞

日本語の形容詞は「大きい〜」や「白い〜」のように名詞の前に置きますが、フランス語の形容詞は、基本的には名詞の後ろに置きます。

アン　ポルタブル　ジャポネ
un portable japonais
日本製の携帯電話

ユヌ　ヴァリーズ　ルージュ
une valise rouge
赤いスーツケース

❷ 名詞の前に置く形容詞

ただし、例外として、日常的によく使う比較的短いいくつかの形容詞は、名詞の前に置きます。

アン　グラン　タルブル
un grand arbre
大きな木

ユヌ　プティット　メゾン
une petite maison
小さな家

※ 語末の [d] はリエゾンして [t] の発音になります。

おもに名詞の前に置く形容詞〈（　）は女性形〉

grand（grande） グラン　グラーンド 大きい	petit（petite） プティ　プティット 小さい	bon（bonne） ボン　ボンヌ 良い	mauvais（mauvaise） モヴェ　モヴェーズ 悪い
vieux（vieille） ヴィユー　ヴィエイユ 年老いた	jeune（jeune） ジュンヌ　ジュンヌ 若い	joli（jolie） ジョリ　ジョリ きれいな	beau（belle） ボー　ベル うつくしい

形容詞の性と数の一致

　名詞に性と数の区別があるので（→ p.18）、形容詞は名詞の性と数に形をあわせる必要があります。これを、形容詞の性と数の一致と言います。

　基本的には、女性形は男性形の語尾に e をつけ、複数形は単数形に s をつけます（もともと e や s で終わる単語には、それ以上重ねてつける必要はありません）。ただし、例外も多いので辞書で覚えましょう。

男性形
アン　ネテュディヤン　ジャポネ
un étudiant japonais
日本の（男子）学生

男性形の複数形は語末に s をつける
デ　ゼテュディヤン　ジャポネ
des étudiants japonais
（何人かの）日本の（男子）学生

女性形は語末に e をつける
ユン　ネテュディヤーント　ジャポネーズ
une étudiante japonaise
日本の（女子）学生

女性形かつ複数形は語末に es をつける
デ　ゼテュディヤーント　ジャポネーズ
des étudiantes japonaises
（何人かの）日本の（女子）学生

形容詞の4つのマジックボックス

petit「小さい」

		単数形	複数形
男性形	bagage（かばん） バガージュ	un petit bagage アン プティ バガージュ	de petits bagages ドゥ プティ バガージュ
女性形	valise（スーツケース） ヴァリーズ	une petite valise ユヌ プティット ヴァリーズ	de petites valises ドゥ プティット ヴァリーズ

※ 名詞の前に形容詞が置かれると不定冠詞の des は de になります。

Chapitre 1　まずはここから！ フランス語のキホン12カ条

Chapitre 1
6
CD 1 06

規則動詞

フランス語の動詞の基本を学びます。
まず規則動詞の活用を覚えましょう。

> さあ、フランス語で
> いちばん大切な、
> 動詞の活用ですよ！

> 覚えることが
> いっぱいで
> 難しそう……。

主語人称代名詞

フランス語の動詞は、主語の人称にあわせて活用します。ですから、まず、主語にあたることば（主語人称代名詞）を覚える必要があります。

主語人称代名詞の6つのマジックボックス

	単数形	複数形
一人称	je [ジュ] わたしは	nous [ヌ] わたしたちは
二人称	tu [テュ] きみは	vous [ヴ] あなたは／あなたたちは
三人称（男性）	il [イル] 彼は	ils [イル] 彼らは
三人称（女性）	elle [エル] 彼女は	elles [エル] 彼女たちは

※ vous は二人称複数形ですが、「きみは」の丁寧語「あなたは」にもなります。
※ il (ils)、elle (elles) は人だけでなく、それぞれ、男性名詞、女性名詞を受けて、「それは（それらは）」を指すこともあります（→ p.77, p.101）。

24

規則動詞

フランス語の動詞で、もっとも規則的な活用をするものを、第1群規則動詞と言います。動詞の原形の最後の2文字が -er で終わることから、-er 動詞とも呼んでいます。フランス語の約90%がこの活用の動詞です。活用語尾は6通りです。

第1群規則動詞の6つのマジックボックス

parler「話す」
（バルレ）

	単数形	複数形
一人称	Je parle（ジュ バルル） わたしは話す	Nous parlons（ヌ バルロン） わたしたちは話す
二人称	Tu parles（テュ バルル） きみは話す	Vous parlez（ヴ バルレ） あなた（たち）は話す
三人称（男性）	Il parle（イル バルル） 彼は話す	Ils parlent（イル バルル） 彼らは話す
三人称（女性）	Elle parle（エル バルル） 彼女は話す	Elles parlent（エル バルル） 彼女たちは話す

※ 原形の parl- の部分が語幹で変化せず、-er の部分が活用語尾で変化します。

Je parle japonais.
（ジュ バルル ジャポネ）
わたしは日本語を話します。

Nous parlons un peu français.
（ヌ バルロン アン プ フランセ）
わたしたちはフランス語を少し話します。

Chapitre 1 まずはここから！フランス語のキホン12カ条

Chapitre 1
7

CD 1 / 07

不規則動詞

動詞の基本の続きです。
日常的によく使う不規則動詞の形を覚えましょう。

> 活用のルールに
> あてはまらない動詞も
> あるんですね。

> はい。
> もっともよく使う
> être と avoir の
> 活用形から
> 覚えましょう。

être

フランス語の être（エートル）は英語の be 動詞にあたる動詞です。

動詞 être の6つのマジックボックス

être（エートル）「～である」

	単数形	複数形
一人称	Je suis（ジュ スュイ） わたしは～です	Nous sommes（ヌ ソム） わたしたちは～です
二人称	Tu es（テュ エ） きみは～です	Vous êtes（ヴ ゼットゥ） あなた（たち）は～です
三人称（男性）	Il est（イル レ） 彼は～です	Ils sont（イル ソン） 彼らは～です
三人称（女性）	Elle est（エル レ） 彼女は～です	Elles sont（エル ソン） 彼女たちは～です

※ Vous êtes はリエゾンします。Il est, Elle est はアンシェヌマンでつなげて読みます（→ p.17）。

26

Je suis japonais (japonaise).
ジュ スュイ ジャポネ ジャポネーズ

わたしは日本人です。

avoir

フランス語の avoir（アヴォワール）は英語の have にあたる動詞です。

動詞 avoir の 6 つのマジックボックス

avoir「～を持っている」
アヴォワール

	単数形	複数形
一人称	J'ai（ジェ） わたしは～を持っている	Nous avons（ヌ ザヴォン） わたしたちは～を持っている
二人称	Tu as（テュ ア） きみは～を持っている	Vous avez（ヴ ザヴェ） あなた（たち）は～を持っている
三人称（男性）	Il a（イ ラ） 彼は～を持っている	Ils ont（イル ゾン） 彼らは～を持っている
三人称（女性）	Elle a（エ ラ） 彼女は～を持っている	Elles ont（エル ゾン） 彼女たちは～を持っている

※ J'ai はエリジオンで母音字が省略されています。Nous avons, Vous avez, Ils ont, Elle ont はリエゾンします。Il a, Elle a はアンシェヌマンでつなげて読みます（→ p.17）。

J'ai une valise.
ジェ ユヌ ヴァリーズ

わたしはスーツケースを持っています。

Nous avons des valises.
ヌ ザヴォン デ ヴァリーズ

わたしたちはスーツケースを持っています。

> そのほか、よく使う不規則動詞を p.182 - 183 に掲載しているので、参照してください。

Chapitre 1
8

CD 1
08

前置詞

前置詞は、基本的に名詞の前に置かれますが、内容上、動詞と強く結びつく品詞です。

前置詞って、英語の to や from などのことですよね。

そうです。いろいろな前置詞がありますが、まずは2つ覚えましょう。

場所・時を表す前置詞

「〜のなかに」「〜のときに」などのように、場所や時などを示す前置詞は日常的によく使われます。なかでもよく使われる à と de の2つの使い方を覚えましょう。

❶ 前置詞 à

場所と時間の両方に使います。場所を表すときには、地点を示して「〜に」、方向を示して「〜へ」という意味になります。時間を表すときには、時点を示して「〜に」、期間を示して「〜まで」という意味です。

ジャビッ　タ　トキョ
J'habite à Tokyo.
わたしは東京に住んでいます。

ル　フィルム　コマン　サ　ヌヴール
Le film commence à 9 heures.
その映画は9時に始まります。

28

❷ 前置詞 de

場所と時間の両方に使います。所有や所属を示して「〜の」という意味に、また、場所を表すときには、起点を示して「〜から」、起源を示して「〜出身」という意味になります。時間を表すときには、期間の始まりを示して「〜から」という意味になります。

Je suis de Tokyo.
ジュ スユイ ドゥ トキョ
わたしは東京の出身です。

Ce magasin ouvre de 9 heures à 20 heures.
ス マガザン ウーヴル ドゥ ヌヴール ア ヴァントゥール
この店は9時から20時まで開いています。

前置詞 à と de には時間と場所以外にもたくさんの意味があるので、その都度覚えていきましょう。

前置詞と定冠詞の縮約

前置詞 à と前置詞 de は、後ろに定冠詞（→ p.21）の le と les を伴うと連結してひとつの語になります（縮約）。

前置詞と定冠詞の縮約のマジックボックス

前置詞 à	à le → au	à le Japon → au Japon 日本へ
	à les → aux	à les États-Unis → aux États-Unis アメリカへ
前置詞 de	de le → du	de le Japon → du Japon 日本から
	de les → des	de les États-Unis → des États-Unis アメリカから

※ 定冠詞の la は縮約しません。

Je vais au Japon.
ジュ ヴェ オ ジャポン
わたしは日本に行きます。

Je viens du Japon.
ジュ ヴィヤン デュ ジャポン
わたしは日本から来ました。

Chapitre 1

肯定文

> 基本の文型は英語とほぼ同じです。
> まずは肯定文の語順と構造を学びましょう。

> さあ、ここからは文を組み立てる勉強です。

> 自分で文をつくって、話せるようになりますね。

肯定文の語順

　フランス語は英語の語順とほぼ同じで、まず主語があり、つぎに動詞、さらに属詞や目的語が来ます。

> 主語　＋　動詞　＋　属詞　または　目的語

※ フランス語の属詞は英語の補語にあたるもので、名詞や形容詞が入ります。
※ フランス語では、目的語が代名詞になる場合は、動詞の前に来ます。たとえば、「わたしはマリーが好きです。」は《J'aime Marie.》（ジェム　マリ）ですが、「わたしは彼女が好きです」の場合は《Je l'aime.》（ジュ　レム）となり、「彼女」l'（＝ Marie）が動詞の前に来るのです。

フランス語の文章の文型

　英語は5つの文型がありますが、フランス語は6つの文型があります。

> ❶ 主語　＋　動詞
> ❷ 主語　＋　動詞　＋　属詞
> ❸ 主語　＋　動詞　＋　直接目的語
> ❹ 主語　＋　動詞　＋　間接目的語
> ❺ 主語　＋　動詞　＋　直接目的語　＋　間接目的語
> ❻ 主語　＋　動詞　＋　直接目的語　＋　属詞

本書ではここを学びます。

英語には❹の文型がありません。❹と❺は目的補語人称代名詞という文法項目の習得が必要になり、❻の文型はこの本には出てきませんので、いずれも本書では扱いません。❹以降の文型に関しては、別途あらためて勉強する機会を待つとして、基本となる❶から❸の文型についてマスターしましょう。

❶ 主語＋動詞（＋状況補語）

主語と動詞だけで成り立つ文です。したがって動詞は自動詞です。動詞の後ろに前置詞が来ることもよくあります。前置詞から後ろのまとまりは、それがなくても文が成り立ち、場所や時などの状況を示すため状況補語と言います。

J'habite à Tokyo.
ジャビッ タ トキョ
主語　動詞　状況補語
わたしは東京に住んでいます。

Je viens du Japon.
ジュ ヴィヤン デュ ジャポン
主語　動詞　状況補語
わたしは日本から来ました。

❷ 主語＋動詞＋属詞

主語と属詞がイコールの関係にある文で、動詞は自動詞です。この文型では動詞の直後に前置詞が来ることはありません。

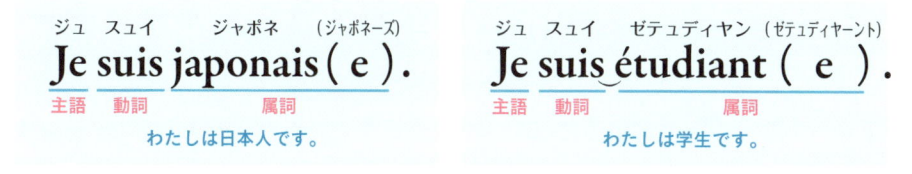

Je suis japonais (e).
ジュ スュイ ジャポネ （ジャポネーズ）
主語　動詞　属詞
わたしは日本人です。

Je suis étudiant (e).
ジュ スュイ ゼテュディヤン （ゼテュディヤーント）
主語　動詞　属詞
わたしは学生です。

※ 国籍や職業を言うときは、属詞が主語と一致するため、名詞には冠詞がつかず形容詞のように扱われます（→ p.64）。

❸ 主語＋動詞＋直接目的語

主語と動詞だけでは成り立たない文章です。直接目的語が動詞の直後に来て「〜を」という意味になり、動詞は他動詞です。したがって、この文型では動詞の直後に前置詞が来ることはありません。

J'ai une valise.
ジェ ユヌ ヴァリーズ
主語 動詞　直接目的語
わたしはスーツケースを持っています。

Je parle français.
ジュ パルル フランセ
主語　動詞　直接目的語
わたしはフランス語を話します。

31

Chapitre 1

CD 1 — 10

疑問文

> 疑問文がつくれるようになれば、会話の幅も広がります。
> まずは疑問詞がつかない基本の形を理解しましょう。

（先生！疑問文はどうつくるのですか？）

（疑問文をつくるには3通りの方法がありますよ。）

疑問文のつくり方

フランス語の疑問文のつくり方は3通りあります。どの方法で尋ねられても聞き取りができるように学んでおきましょう。

❶ イントネーションによる方法

肯定文をそのままの語順で、イントネーションを変えて発音する方法です。文の後ろを上げて発音します。もっともカジュアルな疑問文のつくり方です。

Vous parlez français ?
ヴ　パルレ　フランセ
あなたはフランス語を話しますか。

❷ 文頭に est-ce que をつける方法

肯定文の文頭に est-ce que（エスク）をつけることで、相手に疑問文であることをはっきりと伝えられる方法です。日本語で疑問文の文末に「〜ですか」とつけるような感じですね。イントネーションによる疑問文より丁寧な話し方になります。

エス ク ヴ パルレ フランセ
Est-ce que vous parlez français ?

あなたはフランス語を話しますか。

❸ 主語と動詞の倒置による方法

　主語と動詞を倒置して疑問文をつくる方法です。倒置したという印で、動詞と主語人称代名詞をトレデュニオン（ハイフン）でつなぎます。話し言葉だけでなく、書き言葉でも用いられるもっとも丁寧な疑問文のつくり方です。

パルレ ヴ フランセ
Parlez-vous français ?

あなたはフランス語を話しますか。

疑問文の答え方

　疑問文には、Oui「はい」またはNon「いいえ」で答えます。

ウィ ジュ パルル アン プ フランセ
Oui, je parle un peu français.

はい、わたしはフランス語を少し話します。

ノン ジュ パルル ジャポネ
Non, je parle japonais.

いいえ、わたしは日本語を話します。

> 疑問詞を使った疑問文はchapitre3のp.92 - 107で詳しく学びます。

Chapitre 1　まずはここから！ フランス語のキホン12カ条

33

Chapitre 1

CD 1
11

否定文

肯定文から否定文をつくれるようになりましょう。
否定疑問文は答え方に気をつけましょう。

疑問文に比べて否定文の形はシンプルです。

よかった。さっそく教えてください。

否定文のつくり方

肯定文の動詞を ne と pas ではさむことで「〜ではありません」という否定文をつくることができます。

主語 ＋ ne ＋ 動詞 ＋ pas
　　　　n'　（n' は動詞が母音または無音の h で始まるとき）

ジュ　ヌ　パルル　パ　トレ　ビヤン　フランセ
Je ne parle pas très bien français.
わたしはフランス語をあまりよく話しません。

ジュ　ナビット　パ　ア　パリ
Je n'habite pas à Paris.
わたしはパリに住んでいません。

否定疑問文のつくり方

否定の疑問文のつくり方はやはり3通りありますが、日常的によく使う次の2通りを挙げておきましょう。

❶ イントネーションによる方法

Vous ne parlez pas français ?
（ヴ ヌ パルレ パ フランセ）

あなたはフランス語を話しませんか。

❷ 倒置による方法

Ne parlez-vous pas français ?
（ヌ パルレ ヴ パ フランセ）

あなたはフランス語を話しませんか。

否定疑問文の答え方

否定疑問文には、Si「いいえ」またはNon「はい」で答えます。日本語とも英語とも異なりますので気をつけましょう。

Si, je parle un peu français.
（スィ ジュ パルル アン プ フランセ）

いいえ、わたしはフランス語を少し話します。

Non, je ne parle pas très bien français.
（ノン ジュ ヌ パルル パ トレ ビヤン フランセ）

はい、わたしはフランス語をあまりよく話しません。

> 否定疑問文に
> いいえで答えるには
> Oui ではなく、
> Si を使うんですね。

Chapitre 1　まずはここから！フランス語のキホン12カ条

Chapitre 1

CD 1 / 12

命令文

> 命令文をやわらかい語調で話すことで、
> 簡単なお願いを伝えることができます。

（先生、わたし、人に命令なんてしませんよ。）

（いえいえ、命令文はお願いやお誘いにも使える便利な構文です。）

命令文のつくり方

英語と同じように、**主語をとって動詞から始まる文をつくります**。ただし、英語と異なり、主語（命令対象）に応じて、3つの命令文ができます。

❶ tu に対して「(きみは)〜して」

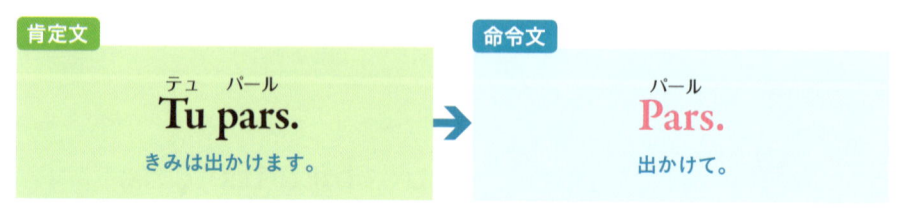

肯定文
テュ　バール
Tu pars.
きみは出かけます。

→

命令文
バール
Pars.
出かけて。

❷ vous に対して「(あなたは、あなたたちは)〜しなさい」

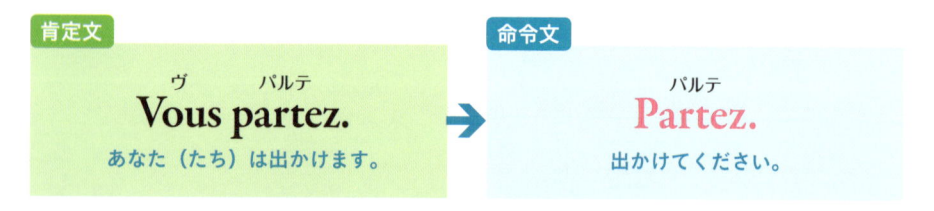

肯定文
ヴ　　パルテ
Vous partez.
あなた（たち）は出かけます。

→

命令文
パルテ
Partez.
出かけてください。

36

❸ nous に対して「(わたしたちは) ~しましょう」

肯定文		命令文
Nous partons. (ヌ パルトン) わたしたちは出かけます。	→	**Partons.** (パルトン) 出かけましょう。

命令文の3つのマジックボックス

partir(パルティール)「出発する、出かける」

	単数形	複数形
一人称	—	**Partons.** (パルトン) 出かけましょう。
二人称	**Pars.** (パール) 出かけて。	**Partez.** (パルテ) 出かけてください。
三人称	—	—

※ 主語が je、il、elle、ils、elles については命令できません。tu、vous、nous に対してのみ、それぞれの活用形に応じた命令形ができます。

語調緩和で依頼ができる命令文

語調をやわらかくしてお願いするように発音することで、「フランス語で話してください」と依頼するように話すこともできます。

とくに、末尾に s'il te plaît(スィル トゥ プレ) や s'il vous plaît(スィル ヴ プレ) をつけることで、「お願いします」という依頼の気持ちをきちんと伝えることができます。

Parle plus lentement, s'il te plaît.
(パルル プリュ ラントゥマン スィル トゥ プレ)
もう少しゆっくり話してよ。

※ 第1群規則動詞(-er 動詞)(→ p.25)の場合のみ、tu の命令形は活用語尾 -es が -e に変化します。

Parlez plus fort, s'il vous plaît.
(パルレ プリュ フォール スィル ヴ プレ)
もう少し大きな声で話してください。

Chapitre 1 まずはここから! フランス語のキホン12ヵ条

37

復習しょう

Chapitre 1 で学習した文法事項を練習問題で確認してみましょう。

❶ [ ]にあうものとして正しいものを3つの選択肢から選び○をつけましょう。

(1) J'ai [un une des] jolie photo.
わたしはきれいな写真を持っています。

語彙 joli(e)「きれいな」 photo「写真」

(2) Vous avez [les le la] valise de votre père, n'est-ce pas ?
あなたはお父さんのスーツケースを持っていますか、持っていますね。

表現 《 n'est-ce pas ? 》「そうでしょう、そうではありませんか」

(3) [Du Des De l'] eau, s'il vous plaît.
お水をください。

表現 《 s'il vous plaît. 》「お願いします、〜をください」

(4) Il est [grand grande grandes]
彼は背が高いです。

語彙 grand(e)「大きい、背が高い」

(5) Je [est es suis] très contente.
わたしはとても満足しています。

語彙 content(e)「〜に満足した、嬉しい」

(6) Tu [ai as a] un portable blanc.
きみは白い携帯電話を持っているんだね。

語彙 portable「携帯電話」 blanc(blanche)「白い」

(7) Vous [aimes aimez aimons] la musique ?
あなたは音楽はお好きですか。

語彙 aimer「〜を好きです」（第 I 群規則動詞）

冠詞の性数、形容詞の性数、動詞の活用の復習です。

解答と解説

(1) 【une】 J'ai une jolie photo.
ジェ ユヌ ジョリ フォト

photo「写真」は女性名詞です。jolie が女性形になっていることでもわかりますね。フランス語では冠詞や形容詞が名詞の性と数に一致するので、こうしたヒントを見逃さないようにしてください（→ p.20, p.23）。

(2) 【la】 Vous avez la valise de votre père, n'est-ce pas ?
ヴ ザヴェ ラ ヴァリーズ ドゥ ヴォトル ペール ネ ス パ

valise「スーツケース」は女性名詞です。スーツケースが de votre père「あなたのお父さんの」と限定されているので定冠詞がつきます。votre は「あなたの」、père は「父」の意味です。付加疑問文《 n'est-ce pas ? 》「そうでしょう、そうではありませんか。」は本文では紹介できませんでしたが、主語や動詞にかかわらずつねにこのままの形で使えるとても便利な表現です。

(3) 【De l'】 De l'eau, s'il vous plaît.
ドゥ ロ スィル ヴ プレ

eau「水」は女性名詞です。数えられない名詞なので「いくらかの量の〜」を含意する部分冠詞がつきます。分量をきちんと伝えたいときには、un verre d'eau（アン ヴェール ド）「コップ1杯の水」、une carafe d'eau（ユヌ カラフ ド）「水差し1杯の水」、une bouteille d'eau（ユヌ ブテイユ ド）「ボトル1本の水」のように単位をつけます（→ p.85）。

(4) 【grand】 Il est grand.
イ レ グラン

主語＋動詞＋属詞の文型です。属詞である形容詞を主語の性数にあわせましょう（→ p.23）。主語は Il「彼」なので、男性単数形の形容詞 grand が正解になります。

(5) 【suis】 Je suis très contente.
ジュ スュイ トレ コンターント

être の活用はしっかり覚えましょう。嬉しいときなど好感を表すのにフランス人はよく《 Je suis content(e). 》と言います。反対に、怒っているときなど不満を表すには《 Je ne suis pas content(e). 》（ジュ ヌ スュイ パ コンタン［コンタント］）と言います。

(6) 【as】 Tu as un portable blanc.
テュ ア アン ポルタブル ブラン

avoir の活用はしっかり覚えましょう。(téléphone) portable「携帯電話」は男性名詞です。

(7) 【aimez】 Vous aimez la musique ?
ヴ ゼメ ラ ミュズィック

第1群規則動詞（-er 動詞→ p.25）のなかでも aimer「〜を好きです」は使い勝手の良い動詞です。動詞の原形を伴って「〜することが好きです」とも言えます。

復習しよう

❷ 日本語の訳にあうように語順を並べ替えましょう。なお、文頭の大文字も小文字にしてあります。

(1) habite / au / j' / Japon /.
わたしは日本に住んでいます。
(　　　　　　　　　　　　　　　　　　　　　　　)

(2) français / un / je / peu / parle /.
わたしはフランス語を少し話せます。
(　　　　　　　　　　　　　　　　　　　　　　　)

(3) tu / très / parles / japonais / bien /.
きみは日本語をとても上手に話すね。
(　　　　　　　　　　　　　　　　　　　　　　　)

(4) anglais / peu / vous / parlez / un / ?
あなたは英語を少し話せますか。
(　　　　　　　　　　　　　　　　　　　　　　　)

(5) Paris / habitez / à / vous / ?
あなたはパリに住んでいるのですか。
(　　　　　　　　　　　　　　　　　　　　　　　)

(6) bien / pas / je / ne / anglais / parle / très /.
わたしは英語をあまり上手には話せません。
(　　　　　　　　　　　　　　　　　　　　　　　)

(7) s'il / parlez /, / plaît / lentement / plus / vous /.
もう少しゆっくり話してください。
(　　　　　　　　　　　　　　　　　　　　　　　)

肯定文、疑問文、否定文、命令文の語順はどうだったかな。

解答と解説

(1) **J'habite au Japon.**
（ジャビット　オ　ジャポン）

フランス語も英語と同様で、基本的には《主語＋動詞＋状況補語や目的語または属詞》の語順になります。ここでは au Japon「日本に」が場所を表す状況補語なので、主語 Je、動詞 habite、前置詞 à、定冠詞 le、名詞 Japon という順番で並びます。前置詞 à ＋定冠詞 le ＝縮約 au となりますね（→ p. 29）。

(2) **Je parle un peu français.**
（ジュ　パルル　アン　プ　フランセ）

主語 Je、動詞 parle、副詞句 un peu、目的語 français という順番で並びます。動作を修飾し程度を表す副詞句 un peu「少し」は動詞の直後に入れます。

(3) **Tu parles très bien japonais.**
（テュ　パルル　トレ　ビヤン　ジャポネ）

主語 Tu、動詞 parles、副詞 bien、目的語 japonais という順番で並びます。程度を表す副詞 (très) bien「(とても) よく」は動詞の直後に入れましょう。

(4) **Vous parlez un peu anglais ?**
（ヴ　パルレ　アン　プ　アングレ）

主語 Vous、動詞 parlez、程度を表す副詞 un peu、目的語 anglais という順番で並びます。選択肢に－（トレデュニオン）があれば、倒置の疑問文《 Parlez-vous un peu anglais ? 》と言うこともできますね。

(5) **Vous habitez à Paris ?**
（ヴ　ザビテ　ア　パリ）

主語 Vous、動詞 habitez、前置詞 à、名詞 Paris という順番で並びます。地名などの固有名詞には冠詞はつきません（定冠詞を必要とする国名を除く）。

(6) **Je ne parle pas très bien anglais.**
（ジュ　ヌ　パルル　パ　トレ　ビヤン　アングレ）

否定文は動詞を ne と pas ではさむので、語順は《主語＋ ne ＋動詞＋ pas ＋〜》となるのでしたね。主語 Je、動詞の否定 ne parle pas、程度を表す副詞 (très) bien、目的語 anglais という順番で並びます。

(7) **Parlez plus lentement, s'il vous plaît.**
（パルレ　プリュ　ラントゥマン　スィル　ヴ　プレ）

命令文は肯定文から主語を取った形です。「あなた（たち）」に対する命令文です。

数字と序数の数え方

CD 1
13

フランス語の数字の数え方は少し変わっていますよ。ポイントをまとめて覚えましょう！

数字の数え方

● 第1ステップ！　1〜19

アン、ユヌ un(e) 1	ドゥ deux 2	トロワ trois 3	カトル quatre 4	サンク cinq 5	スィス six 6	セット sept 7	ユイット huit 8	ヌフ neuf 9	ディス dix 10
オーンズ onze 11	ドゥーズ douze 12	トレーズ treize 13	カトルズ quatorze 14	カーンズ quinze 15	セーズ seize 16	ディ(ス) セット dix-sept 17	ディズ ユイット dix-huit 18	ディズ ヌフ dix-neuf 19	

・1〜10までは丸暗記しましょう。
・11〜19までの覚え方のポイントは、11〜16は語末にze、17〜19は語頭にdix-がつくことです。

● 第2ステップ！　20〜99

	20, 30, 40…	21, 31, 41…	22, 32, 42…	…
20	ヴァン vingt	ヴァン テ アン vingt et un	ヴァントゥ ドゥ vingt-deux	…
30	トラーントゥ trente	トラン テ アン trente et un	トラントゥ ドゥ trente-deux	…
40	カラーントゥ quarante	カラン テ アン quarante et un	カラントゥ ドゥ quarante-deux	…
50	サンカーントゥ cinquante	サンカン テ アン cinquante et un	サンカントゥ ドゥ cinquante-deux	…
60	ソワサーントゥ soixante	ソワサン テ アン soixante et un	ソワサントゥ ドゥ soixante-deux	…
70	ソワサントゥ ディス soixante-dix	ソワサン テ オーンズ soixante et onze	ソワサントゥ ドゥーズ soixante-douze	…
80	カトル ヴァン quatre-vingts	カトル ヴァン アン quatre-vingt-un	カトル ヴァン ドゥ quatre-vingt-deux	…
90	カトル ヴァン ディス quatre-vingt-dix	カトル ヴァン オーンズ quatre-vingt-onze	カトル ヴァン ドゥーズ quatre-vingt-douze	…

- 10 の位のうち 20、30、40、50、60 には専用の単語があります。
  70、80、90 は足し算や掛け算をして表します。

- 21、31、41…71 など 1 の位が 1 のときは、「10 の位 et un」または「10 の位 et onze」となります。
  ただし、81 と 91 は例外で、et をつけずー（トレデュニオン）でつなぎます。

- 22 ～ 29、32 ～ 39…など 1 の位が 1 以外のときは「10 の位 -1 の位」のように
  ー（トレデュニオン）でつなぎます。

- 70 台は「60 ＋ 10 ～ 19 の数え方」、80 台は「4 × 20 ＋ 1 の位」、90 台は「4 × 20 ＋ 10 ～ 19 の数え方」
  と考えます。71（soixante et onze）以外は、それぞれの数字をー（トレデュニオン）でつなぎます。

● 第3ステップ！ 100, 1000, 10000

サン cent(s)	ミル mille	ディ ミル dix mille
100	1000	10000

- 100 は cent(s) と言い、たとえば 200 は deux cents と複数にします。
- 1000 は mille と言い、つねに単数扱いで不変なので注意しましょう。
- 10000 は dix mille と言い、単数扱いです。

序数の数え方

1 番めの	1$^{er(ère)}$	プルミエ premier プルミエール (première)	2 番めの	2^e	ドゥズィエム deuxième スゴン（ドゥ） second(e)
3 番めの	3^e	トロワズィエム troisième	4 番めの	4^e	カトリエム quatrième
5 番めの	5^e	サンキエム cinquième	6 番めの	6^e	スィズィエム sixième
7 番めの	7^e	セティエム septième	8 番めの	8^e	ユイティエム huitième
9 番めの	9^e	ヌヴィエム neuvième	10 番めの	10^e	ディズィエム dixième

- 「～番めの」と言いたいときに用います。
- 日にちの 1 日は必ず序数を用います。（→ p.44）
- 「1 番めの」は男性形（premier）・女性形（première）の区別があります。
- 「2 番めの」は deuxième という言い方と second(e) という言い方があります。
- 省略形の形で、troisième を 3e のように書きます。ただし premier（première）の場合のみ 1$^{er(ère)}$ と書きます。

43

日にちの表し方

CD 1
14

月、曜日、日にちを表す単語です。
季節の言い方もあわせて覚えましょう。

● 月の名前

ジャンヴィエ janvier 1月	フェヴリエ février 2月	マルス mars 3月	アヴリル avril 4月	メ mai 5月	ジュアン juin 6月
ジュイエ juillet 7月	ウ(ット) août 8月	セプターンブル septembre 9月	オクトーブル octobre 10月	ノヴァーンブル novembre 11月	デサーンブル décembre 12月

・「1月に」と言うときは、《 en janvier 》または《 au mois de janvier 》のように言います。
・フランス語では月の名前は小文字で書き始めます。

● 曜日の名前

ランディ lundi 月曜日	マルディ mardi 火曜日	メルクルディ mercredi 水曜日	ジュディ jeudi 木曜日	ヴァンドルディ vendredi 金曜日	サムディ samedi 土曜日	ディマーンシュ dimanche 日曜日

● 日にちの表し方

ヌ　　ソム　　ル　カトルズ　ジュイエ
Nous sommes le 14 juillet.
きょうは 7月 14 日です。

※ le 14 juillet は 1789 年のフランス革命を記念する革命記念日です。

ラ　トゥサン　　セル　プルミエ　ノヴァーンブル
La Toussaint, c'est le premier novembre.
諸聖人の大祝日は 11 月 1 日です。

※ Toussaint はキリスト教の祝日で、諸聖人の大祝日です。万聖節とも言います。

・《 Nous somme 〜. 》《 C'est 〜. 》で日付を述べます。
・1 日には序数を使い、それ以外は基数（数字）を使います。

● 季節の名前

プランタン printemps 春	エテ été 夏	オトンヌ automne 秋	イヴェール hiver 冬

・「春に」というときは《 au printemps 》、「夏に」は《 en été 》または《 à l'été 》、
「秋に」は《 en automne 》または《 à l'automne 》、「冬に」は《 en hiver 》と言います。

Chapitre 2

そのまま覚えればOK！
すぐに使えるあいさつ

Chapitre 2 / 1

CD 1 / 15

基本のあいさつ

はじめてのあいさつ、
大きな声で元気に発音してみましょう！

サリュ
Salut !
やあ。

親しい友人や仲間と交わすあいさつです。元気に声をかけましょう。

ウィ　サ ヴァ
Oui, ça va !
うん、元気だよ！
エ　トワ
Et toi ?
きみは？

サ ヴァ
Ça va ?
元気？

後半を上げて発音すると疑問文「元気ですか」に、
後半を下げて発音すると肯定文「元気です」になります。

Chapitre 2 そのまま覚えればOK！すぐに使えるあいさつ

ボンジュール
Bonjour.
こんにちは。

空港やホテルで係員に、お店に入れば店員に、フランス人はいつでもまず《 Bonjour ! 》とあいさつします。

ボンソワール
Bonsoir.
こんばんは。

夕方以降は《 Bonsoir. 》とあいさつします。学校や仕事が終わる時間帯から夜帰るまで使えます。

ボンヌ　　ニュイ
Bonne nuit.
おやすみなさい。

家に帰ってあとは寝るだけ……というタイミングになったら、こんどは《 Bonsoir. 》のかわりに《 Bonne nuit. 》とあいさつします。

47

Chapitre 2 ‐ 2

CD 1 / 16

初対面のあいさつ

はじめの一歩、
まずは自分の名前を覚えてもらいましょう！

ジュ　マペル　エリ　サトー
**Je m'appelle Eri SATO,
et vous ?**
エ　ヴ

わたしの名前は佐藤エリです。あなたは？

アンシャンテ　マダム　サトー
**Enchanté, madame SATO,
moi c'est Paul DUBOIS.**
モワ　セ　ポール　デュボワ

はじめまして、佐藤さん、わたしはポール・デュボワです。

名前を名乗るときは《 Je m'appelle 〜. 》を使います。《 et vous ? 》で相手の名前も聞きましょう。《 Enchanté. 》は「はじめまして、お会いできて嬉しいです」という表現で、話者が女性の場合は《 Enchantée. 》(アンシャンテ)となります。

48

Chapitre 2 そのまま覚えればOK！すぐに使えるあいさつ

ジュ ヴィヤン デュ ジャポン
Je viens du Japon.
日本から来ました。

「東京から来ました」は《 Je viens de Tokyo. 》です。国籍には冠詞がつきますが、地名にはつかないところがポイントです。

ジェ ヴァン タン
J'ai 20 ans.
わたしは20歳です。

年齢を伝えるときは《 J'ai 〜 ans. 》と言います。〜の部分に自分の年齢の数字を入れましょう。an(s) は「年、歳」という意味です。

ラヴィ ドゥ ヴ
Ravie de vous
ランコントレ
rencontrer.
お会いできて嬉しいです。

ravi(e) は「嬉しい」という意味で、男性が話す場合は、ravie の部分が ravi（ラヴィ）となります。形容詞は主語が男性か女性かで形が変わるので注意が必要です（→ p.23）。

Chapitre 2 / 3

CD 1 — 17

別れと再会のあいさつ

再会を願う気持ちや、
また会えた喜びをこめて伝えましょう。

オ　ルヴォワール
Au revoir !
さようなら。

「また会いましょう」という意味をこめた一般的なあいさつです。

ア　ドゥマン
À demain !
またあしたね。

学校や職場などが同じで、あしたもまた会う人には、《 À demain ! 》を使いましょう。

Bonne journée !
ボンヌ　ジュルネ
良い一日を！

À toi aussi !
ア　トワ　オスィ
きみもね。

夕方までは《 Bonne journée !》を、夕方以降夜までは、《 Bonne soirée !》（ボンヌ　ソワレ）「良い夜を」を使います。

Ça fait longtemps !
サ　フェ　ロンタン
お久しぶりです。

直訳すると「長い時間が経ちますね」という意味です。久しぶりに会った人によく使う表現です。

Vous allez bien ?
ヴ　ザレ　ビヤン
お元気ですか。

《 Comment allez-vous ?》（コマン　タレ　ヴ）「ご機嫌いかがですか」という表現もよく使います。

Chapitre 2　そのまま覚えればOK！すぐに使えるあいさつ

51

Chapitre 2

¼

CD 1 / 18

返事のことば

会話の第一歩となる返事のことば。
まずは一言、声に出してみましょう！

ウィ
Oui.
はい。

英語の Yes と同じ意味です。丁寧に言うときは、《 Oui, madame. 》（ウィ、マダム）、《 Oui, mademoiselle. 》（ウィ、マドモワゼル）のように敬称をつけます。

ノン
Non.
いいえ。

英語の No と同じ意味です。丁寧に言うときは、《 Non, monsieur. 》（ノン、ムスィユー）のように敬称をつけます。

Chapitre 2 そのまま覚えればOK！すぐに使えるあいさつ

ダコール
D'accord.
わかりました。

「了解しました」「オーケー」の意味です。英語からの外来語《OK！》も同じようによく使われ、短く「オケ」と発音します。

デゾレ　　　　　メ　ジュ　ヌ
Désolée, mais je ne
　　コンプラン　　　　バ
comprends pas.
すみません、理解できません。

よく考えても理解できないような場合に使います。話が理解できないとき、話の流れについていけないとき、このように言います。話し手が男性の場合は、Désolée（デゾレ）がDésolé（デゾレ）になります。

ジュ　ヌ　セ　パ
Je ne sais pas.
知りません。

もともと知らないような場合に使います。習ったことがあれば、《Je ne sais pas.》とは言えないのですね。知っているけれども理解できない場合は、上で紹介した《Je ne comprends pas.》を使いましょう。

Chapitre 2

5 CD 1 / 19

食事のあいさつ

旅行の最大のお楽しみ！
食事も会話も楽しまない手はありませんね！

Bon appétit ! (ボナペティ)
召し上がれ。

Merci ! (メルスィ)
ありがとう。

フランス語には「いただきます」にあたる表現がありません。
《 Bon appétit ! 》と声をかけられたら、《 Merci ! 》と答えましょう。

C'est bon ! (セ ボン)
おいしいです。

《 C'est délicieux ! 》（セ　デリスィユー）
「とてもおいしいです」も使える表現です。

Chapitre 2 そのまま覚えればOK！すぐに使えるあいさつ

ア　ヴォトル　サンテ
À votre santé !
乾杯！

いちばん丁寧な「乾杯！」の表現です。省略形の《 Santé ! 》（サンテ）は少しくだけた表現です。

ジェ　ファン
J'ai faim.
お腹がすきました。

「喉がかわきました」は《 J'ai soif. 》（ジェ　ソワフ）と言います。

ジェ　ビヤン　マンジェ
J'ai bien mangé.
お腹がいっぱいです。

直訳すると「わたしはよく食べました」という言い方です。フランス語には「ごちそうさま」にあたる表現がないため、このように言うと、「おいしくてよく食べました」という気持ちを伝えることができます。

55

Chapitre 2
6
CD 1
20

感謝のことば

「ありがとう」や「どういたしまして」に
あたる表現はたくさんあります。

メルスィ
Merci !
ありがとう。

大切なお礼の気持ちは、タイミングを外さず、相手にしっかり伝えましょう！

メルスィ　ボク
Merci beaucoup.
どうもありがとう。

《 Merci. 》だけでは言いきれない！
もっとしっかり伝えたい！　というと
きには、このフレーズを使いましょう。

Je vous en prie.
ジュ ヴ ザン プリ

どういたしまして。

お礼を言われた際の返答として、もっとも丁寧でエレガントな表現です。

De rien.
ドゥ リヤン

なんでもないよ。

《 Je vous en prie. 》よりずっとカジュアルな表現で、日常的によく使われます。直訳すると「なんでもないことです」という意味です。

Merci.
メルスィ

ありがとう。

C'est gentil.
セ ジャンティ

ご親切に。

《 Merci. 》や《 Merci beaucoup. 》の後に続けて言うと、とても自然に聞こえます。

Chapitre 2 そのまま覚えればOK！ すぐに使えるあいさつ

Chapitre2 7

CD 1 21

お詫びのことば

「ごめんなさい」も、タイミングを逃さず
きちんと伝えたいことばです。

パルドン
Pardon !
失礼しました。

もっともカジュアルに使われるお詫びのことばです。人とぶつかってしまったり、人ごみをかき分けて進んだりするときに一声かけましょう。

エクスキュゼ　モワ
Excusez-moi.
すみません。

《 Pardon. 》より、もう少し丁寧にお詫びの気持ちを伝えたいときに使うことばです。人を呼び止めるときなどにもよく使われます。

Chapitre 2　そのまま覚えればOK！すぐに使えるあいさつ

ジュ　スュイ　デゾレ
Je suis désolé.
ごめんなさい。

話し手が女性の場合は、《 Je suis désolée. 》（ジュ　スュイ　デゾレ）と言います。「申し訳ありません」、「残念です」の意味があり、もっとも丁寧に謝罪や遺憾の気持ちを伝えるときのことばです。

ス　ネ　パ　グラーヴ
Ce n'est pas grave.
たいしたことではありません。

直訳すると「深刻なことではありません」という意味です。お詫びを言われた場合には、こう伝えると、相手の過失や反省の気持ちをやわらげることができるかもしれません。

パ　ドゥ　プロブレム
Pas de problème.
問題ありません。

文字通り「問題ない」というフレーズです。お詫びに対するカジュアルな答え方で、「心配しないで大丈夫ですよ」と相手を安心させたいときに使います。また、承諾を示して「いいですよ。結構です」と言いたいときに使います。

59

Chapitre2 8

CD 1
22

お祝いのことば

嬉しいお祝いの一言、会話だけではなく、
カードやメールにも添えてみましょう。

フェリスィタスィヨン
Félicitations !
おめでとう！

祝福のことばです。入学、就職、結婚、出産など、さまざまなシーンでお祝いを伝えることができます。

ブラヴォ
Bravo !
ブラボー！

受験や就職など、とくに何かに成功した際に、その功績をたたえて「やったね！よかったね！」と伝えることばです。

Joyeux anniversaire !
ジョワイユ　ザニヴェルセール
お誕生日おめでとう！

形容詞 joyeux は「楽しい」という意味です。《Bon anniversaire !》（ボン　ナニヴェルセール）という表現もあります。

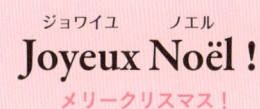

Joyeux Noël !
ジョワイユ　ノエル
メリークリスマス！

名詞 Noël は「クリスマス」のことで、通常は N を大文字で書きます。

Bonne année !
ボン　ナネ
あけましておめでとう！

年明けに「新年おめでとう」の意味で言うこともありますが、年末に「良いお年を」の意味でも使います。

Chapitre 2　そのまま覚えればOK！すぐに使えるあいさつ

時間の表し方

CD 1
23

時計の読み方をマスターしましょう。
また、時間帯の言い方も覚えましょう。

● 基本的な時間の表し方

ウール	ミニュット	スゴーンド
heure(s)	**minute(s)**	**seconde(s)**
時	分	秒

● 時間の表し方

イ レ ドゥ ズール ヴァン ドゥ ラプレ ミディ
Il est 2 heures 20 de l'après-midi.
午後 2 時 20 分です。

・《 Il est 〜. 》で時間を述べます。

02:00　ドゥ ズール　2 heures
03:15　トロワ ズール エ カール　3 heures et quart
04:30　カト ルール エ ドゥミ　4 heures et demie
05:45　スィ ズール モワン ル カール　6 heures moins le quart
12:00　ミディ　midi
24:00　ミニュイ　minuit

● 時計の読み方

時計の文字盤：
- 12 (↑)
- 3 エ カール et quart (→)
- 6 エ ドゥミ et demie (↓)
- 9 モワン ル カール moins le quart (←)

● 時間帯に関する言い方

マタン	ジュール	ソワール	ニュイ
matin	**jour**	**soir**	**nuit**
朝	昼	夕方	夜
マティネ	ジュルネ	アプレ ミディ	ソワレ
matinée	**journée**	**après-midi**	**soirée**
午前中	昼間、一日	午後	夜間、晩

Chapitre 3

押さえておきたい！
マストな超基本フレーズ

Chapitre 3
1

CD 2 01　自己紹介などで使う表現（動詞 être エートル）

わたしは〜です。

自己紹介に使える表現です。
「〜」の部分に自分の職業名や国籍を入れて言ってみましょう。

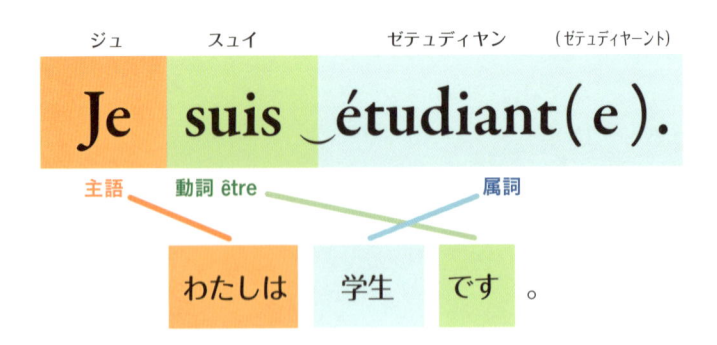

ジュ　　スュイ　　　ゼテュディヤン　（ゼテュディヤーント）
Je suis étudiant (e).

主語　動詞 être　　　　属詞

| わたしは | 学生 | です |。

Point 1　品詞解説　⇒p.26, p.31

主語	je（ジュ） =「わたし」
動詞	suis（スュイ） =「〜です」原形は être エートル です。主語に対応して活用します。
属詞	名詞には通常冠詞をつけますが、職業名や国籍の場合に限っては、冠詞は必要ありません。

※ 属詞とは英語の補語にあたることばで名詞や形容詞が入ります（→ p.30）。

Point 2　名詞の性数に注意！　⇒p.18

名詞には必ず、性と数の区別があります。
　主語「わたし」が男性の場合は、職業名や国籍に入る名詞も男性形、女性の場合は女性形を使い、語尾の発音に気をつけましょう。
　また、主語が「わたしたち」と複数形になった場合は、職業名や国籍なども複数形にするのを忘れないようにしましょう。

ヌ　　　　ソム　　　　ゼテュディヤン　（ゼテュディヤーント）
Nous sommes étudiant (e) s.
わたしたちは学生です。

こんな場面で使います

Cas 1

A ク フェットゥ ヴ ダン ラ ヴィ
Que faites-vous dans la vie ?
職業は何をしていますか。

B ジュ スュイ スクレテール
Je suis secrétaire.
わたしは秘書です。

→ que は「何を」、faites-vous は「あなたは〜をしています」の倒置の疑問文、dans la vie は「人生において」という意味です。こう尋ねられたら、Je suis「わたしは〜です」のあとに職業名を入れて答えればいいですね。

Cas 2

A ヴ ヴネ ドゥ
Vous venez d'où ?
どこのご出身ですか。

B ジュ スュイ ジャポネーズ
Je suis japonaise.
わたしは日本人です。

→ vous venez は「あなたは来ます」、d'où は「どこから」という意味です。こう尋ねられたら、Je suis「わたしは〜です」のあとに国籍を言いましょう。

Des mots importants 国籍や職業を表す単語 (→ p.176)

	男性形	女性形
日本人	ジャポネ japonais	ジャポネーズ japonaise
フランス人	フランセ français	フランセーズ française
会社員	アンプロワイエ employé	アンプロワイエ employée
菓子職人	パティスィエ pâtissier	パティスィエール pâtissière
教師		プロフェスール professeur

Chapitre 3 押さえておきたい！マストな超基本フレーズ

65

Chapitre 3 - 2

CD 2-02　提示の表現①（指示代名詞 ce）

これは〜です。

何かを説明したいときにとても便利な表現です。
「〜」の部分を変えれば、さまざまなことを説明できますよ。

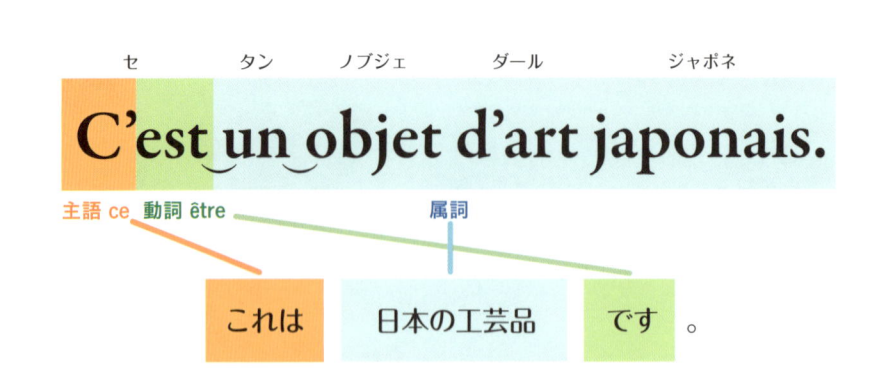

　　　セ　　　タン　　　ノブジェ　　　ダール　　　ジャポネ
C'est un objet d'art japonais.

主語 ce　動詞 être　　　　属詞

| これは | 日本の工芸品 | です | 。 |

Point 1　品詞解説　⇒p.26

- **主語**　ce =「これ」という意味の指示代名詞です。
- **動詞**　est =「〜です」　原形は être です。
単数の場合は est に、複数の場合は sont に活用します。
- **属詞**　提示したいもの、ことがら、人が入ります。

Point 2　提示の表現

単数の場合
　セ
C'est 〜.
これは〜です。

複数の場合
　ス　ソン
Ce sont 〜.
これらは〜です。

　どちらも主語は、指示代名詞 ce「これ（これら）」で、単数にも複数にも用いることができます。つぎに続く動詞が母音または無音の h で始まる場合、エリジョンして c' となります（→ p.17）。
　動詞 être「〜です」は、単数の場合は est に、複数の場合は sont に活用しなければなりません。そのため、同じ文章が2つの形になるわけです。

こんな場面で使います

Cas 1

A C'est un café ?
セ タン カフェ
これはコーヒーですか。

B Non. C'est un thé.
ノン セ タン テ
いいえ、紅茶です。

➡ たとえばカフェなどで、内容の確認をすることができます。はじめて出てくる名詞なので不定冠詞（un, une, des）をつけましょう（→ p.20）。

Cas 2

A C'est qui ?
セ キ
これは誰ですか。

B Ce sont mes frères.
ス ソン メ フレール
これらはわたしの兄弟たちです。

➡ たとえば写真を見ながら、家族の説明ができます。自分の家族を表す単語には所有形容詞「わたしの」(mon, ma, mes) をつけましょう（→ p.177）。

Avançons! 指示代名詞 ça

指示代名詞には、ce のほかに ceci と cela〔短縮形は ça〕があります。主語や目的語の位置で、指示代名詞「これ、それ、あれ」となります。中性で、男性形・女性形・単数形・複数形の区別はありません。とくに cela の短縮形 ça は日常的によく使うので覚えておきましょう。

Ça va ?
サ ヴァ
お元気ですか。

Chapitre 3

CD 2 03 好みを述べる表現（動詞 aimer エメ）

わたしは〜が好きです。

> 趣味や好みを伝えることが
> できるようになります。

ジェム　　ラ　　キュイズィーヌ　　　フランセーズ
J'aime la cuisine française.

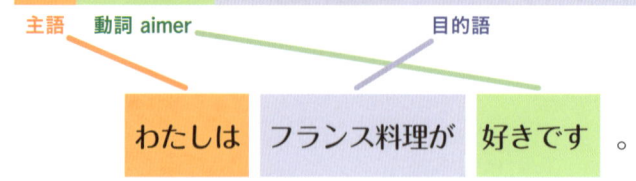

主語：わたしは　動詞 aimer　目的語：フランス料理が　好きです。

Point 1　品詞解説　⇒ p.21, p.25

主語	je ジュ ＝「わたし」この例文では j' とエリジョンします。
動詞	aime エム ＝「〜が好きです」 原形は aimer エメ です。
目的語	趣味や好みを示す名詞が入ります。 名詞には、総称的用法の定冠詞（le ル, la ラ, les レ）をつけましょう。

Point 2　動詞の原形（不定法）

《 J'aime ジェム 〜. 》の〜部分には名詞（句）だけでなく、趣味や好みを表す動詞の原形（不定法）も入れることができます。

趣味や好みを示す動詞の原形を入れると、「〜するのが好きです」あるいは「〜したいです」という意味になります。

ジェム　フェール　デュ　スポール
J'aime faire du sport.
わたしはスポーツするのが好きです。

※《 faire フェール ＋スポーツ・学問・楽器・活動など》で「スポーツや学問などをする、楽器を演奏する」という意味です。この場合、名詞には部分冠詞（→ p.21）がつきます。

こんな場面で使います

Cas 1

A Quel est votre passe-temps ?
（ケ レ ヴォトル パスタン）
余暇の過ごし方は何ですか。

B J'aime lire.
（ジェム リール）
わたしは本を読むのが好きです。

➡ 趣味や余暇の過ごし方について、《 J'aime 〜. 》に名詞や動詞の原形を入れて言ってみましょう。ちなみに、フランス語で「余暇」は passe-temps（パスタン）と言います。

Cas 2

A Qu'est-ce que tu fais le week-end ?
（ケ ス ク テュ フェ ル ウィケンド）
週末には、きみは何をしているの。

B J'aime aller au cinéma.
（ジェム アレ オ スィネマ）
映画に行くのが好きだわ。

➡ こちらも趣味を尋ねる質問です。「映画館」は le cinéma、「映画館に行く」は動詞「行く」aller の後ろに前置詞 à が入り、前置詞と定冠詞の縮約が起こるので aller au cinéma となります（→ p.29）。

Des mots importants　趣味や好みに関する名詞 (→ p.177)

la musique（ラ ミュズィック）音楽	le sport（ル スポール）スポーツ	le cinéma（ル スィネマ）映画（館）
la peinture（ラ パンチュール）絵画	le théâtre（ル テアートル）舞台	les chansons（レ シャンソン）歌
les chocolats（レ ショコラ）チョコレート	la pâtisserie（ラ パティスリ）菓子（店）	la cuisine（ラ キュイズィーヌ）料理

Chapitre 3　押さえておきたい！マストな超基本フレーズ

69

Chapitre 3 - 4

CD2 04 提示の表現② (提示詞 voici, voilà)

こちらに〜が、そちらに〜があります。

近いものと遠いものを示す言い方を学びましょう。
2つそろえて言うと、対比的に示すことができます。

ヴォワスィ　ユヌ　　フルシェットゥ　　エ　ヴォワラ　アン　クトー
Voici une fourchette et voilà un couteau.

提示詞	名詞	接続詞	提示詞	名詞
こちらに	フォーク	が、そちらに	ナイフ	があります。

Point 1　提示の表現

　voici も voilà も主語と動詞の機能を兼ね備えた単語です。提示の表現をつくるので、提示詞と呼ばれることもあります。時間的・空間的に近いものを示すときは voici を、遠くのものを示すときは voilà を使います。

近くを示して　**Voici 〜.** こちらに〜があります。

遠くを示して　**Voilà 〜.** そちらに〜があります。

　必ずしも区別する必要がないときは、voilà がよく使われます。また、上記の例文のように《 Voici A et voilà B. 》の構文で、2つのものを対比的に扱うときにも使います。

こんな場面で使います

Cas 1

A
ヴォワスィ　モン　　パスポール
Voici mon passeport.
ここにわたしの
パスポートがあります。

➡ ものの受け渡しに使える表現です。
「はい、どうぞ。こちらが〜です」の
ようなニュアンスです。

Cas 2

A
ヴォワラ　アン　シャ　　アバンドネ
Voilà un chat abandonné.
そこにすてネコがいるよ。

➡ 「ほら見てください、あちらに〜がありますよ」
のように、話しかける相手の注意を引く言い方
です。注意を呼びかけるときに、ぜひ使ってみ
てください。

Avançons! 間投詞

voilà はものを提示する提示詞としてだけでなく、間投詞的にもよく使われます。日常よく使う他の間投詞もあわせて覚えておきましょう。

ヴォワラ
Voilà !
ほらね ／はい、どうぞ／以上です

ティヤン
Tiens !
はい、どうぞ／ちょっと、ちょっと

エ　ビヤン
Eh bien...
その…

ボン
Bon !
よし／さあ

Chapitre 3　押さえておきたい！マストな超基本フレーズ

71

Chapitre 3 — 5

CD 2 05 提示の表現③ (非人称構文 Il y a ~.)

(〜には)〜があります。

ものを示す表現を学びましょう。
それがある場所を示すこともできます。

イリヤ　ボク　ドゥ　ボンヌ　ブランジュリ　ア　パリ
Il y a beaucoup de bonnes boulangeries à Paris.

Il y a　　　　　　　　名詞

| パリには | おいしいパン屋が | たくさん | あります | 。 |

Point 1　品詞解説　⇒p.91

- **Il y a**：品詞に分解すると「非人称の主語 il (イル) ＋中性代名詞 y (イ) ＋動詞 avoir (アヴォワール)」となりますが、《 Il y a 〜. 》という表現としてこのまま覚えてしまいましょう。
- **名詞**：提示したいものやことがらを示す名詞が入ります。例文では、名詞の前に《 beaucoup de 》(ボク ドゥ)「たくさんの〜」という熟語がついています。
- **前置詞句**：前置詞＋名詞《 à Paris 》(ア パリ) で場所を示すことができます。

Point 2　提示の表現

《 Il y a 〜. 》は上記の例文のように、提示したいものの場所を特定させて言うこともできますし、下の例文のように、場所を特定させずに言うこともできます。

イリヤ　デ　ガトー
Il y a des gâteaux.
いろいろなケーキがあります。

こんな場面で使います

Cas 1

A Il y a beaucoup de gens dans le musée ?
イリヤ ボク ドゥ ジャン ダン ル ミュゼ
美術館には人がたくさんいるかしら。

B Oui, certainement.
ウィ セルテヌマン
ええ、きっとね。

➡ 人が混雑しているときには、《 Il y a beaucoup de gens. 》という表現をよく使います。

Cas 2

A Il y a un café près de la gare ?
イリヤ アン カフェ プレ ドゥ ラ ガール
駅の近くにカフェがありますか。

B Oui, il y a 2 cafés.
ウィ イリヤ ドゥ カフェ
はい、2軒あります。

➡ 場所を示したいときには、下記のような場所を示す前置詞や前置詞句をよく用います。

Les mots importants 場所を示す前置詞と前置詞句

スュル sur 〜の上に	ドゥヴァン devant 〜の前に	ダン dans 〜のなかに	プレ ドゥ près de 〜の近くに
スー sous 〜の下に	デリエール derrière 〜の後ろに	アントル entre 〜の間に	ロワン ドゥ loin de 〜の遠くに

Chapitre 3 — 6

CD2 06　近接未来（動詞 aller ＋ 不定法）

〜するところです。

> 未来形を用いず、現在形の活用で、
> 近い未来について述べることができます。

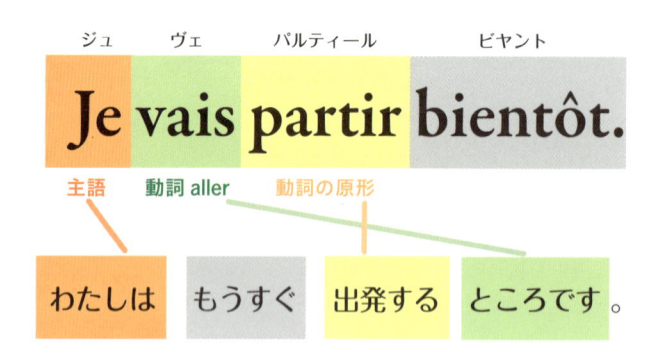

ジュ　ヴェ　パルティール　ビヤント
Je vais partir bientôt.

主語　動詞 aller　動詞の原形

| わたしは | もうすぐ | 出発する | ところです | 。 |

Point 1　近接未来

　近接未来は、未来形の活用を用いず、現在形の活用で近い未来について述べることができる構文です。「〜するつもりです」、「〜するところです」という意味になります。

近接未来の構文

主語　＋　動詞 aller の現在形　＋　動詞の原形（不定法）

Point 2　aller の見分け方

　動詞 aller は単独で使うと「行く」という意味です。不規則動詞なので p.182 の活用表で活用もしっかり覚えましょう。

ジュ　ヴェ　オ　カフェ
Je vais au café.
わたしはカフェへ行きます。

　一方、冒頭の例文のように、《主語＋ aller ＋動詞の原形（不定法）》の形で用いると、近い未来のことについて述べる表現になります。

こんな場面で使います

Cas 1

A テュ ヴァ パルティール オジュルデュイ
Tu vas partir aujourd'hui ?
きょう出発するつもりなの。

B ウィ ジュ ヴェ パルティール ビヤント
Oui, je vais partir bientôt.
うん、もうすぐ出発するところよ。

➡ partir は「出発する」という意味の不規則動詞です（→ p.182）。

Cas 2

A ル ビュス ヴァ アリヴェ ダン ケルク ミニュット
Le bus va arriver dans quelques minutes.
まもなくバスが到着します。

➡ arriver は「到着する」という意味の動詞で第 I 群規則動詞（-er 動詞）です。

Des mots importants 近い未来を伝える副詞と副詞句

トゥ ドゥ スュイット tout de suite すぐに	ダン ケルク ミニュット dans quelques minutes まもなく	ビヤント bientôt もうすぐ
オジュルデュイ aujourd'hui きょう	ドゥマン demain あした	アプレ ドゥマン après-demain あさって
ス マタン ce matin けさ	セ タプレ ミディ cet après-midi きょうの午後に	ス ソワール ce soir きょうの夜に

Chapitre 3 押さえておきたい！マストな超基本フレーズ

Chapitre 3
7

CD 2 / 07　近接過去（動詞 venir de ＋不定法）

〜したばかりです。

近接未来と同じように現在形の活用で、
近い過去についても述べることができます。

ジュ　ヴィヤン　ダリヴェ　ア　パリ　イエール
Je viens d'arriver à Paris hier.

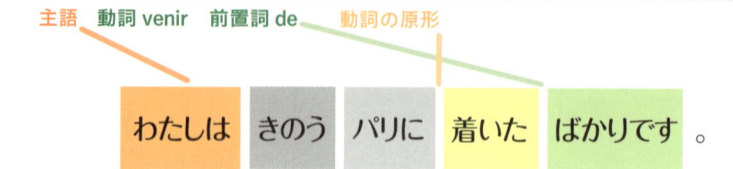

主語　動詞 venir　前置詞 de　動詞の原形

わたしは　きのう　パリに　着いた　ばかりです　。

Point 1　近接過去

近接過去は、過去形の活用を用いず、現在形の活用で近い過去について述べることができる構文です。「〜したばかりです」、「〜したところです」という意味になります。

近接過去の構文

主語 ＋ 動詞 venir の現在形 ＋ 前置詞 de ＋ 動詞の原形（不定法）

近接未来のつくり方とちがい、2つの動詞の間に de が入ります。なお、この例文ではエリジョンが起こり、d' となっています。

Point 2　venir の見分け方

動詞 venir は単独で使うと「来る」という意味です（不規則動詞→ p.182）。

ジュ　ヴィヤン　ドゥ　トキョ
Je viens de Tokyo.
わたしは日本から来ています。

同じ《 venir de 》の形でも、後ろに名詞がつく場合は「来る」の意味、動詞の原形がつく場合は、近接過去になります。

こんな場面で使います

Cas 1

A アロール ル マッチ ドゥ フット オン ガーニュ
Alors, le match de foot, on gagne ?
サッカーの試合、勝ってる？

B イル ヴィヤン ドゥ コマンセ
Il vient de commencer.
いま始まったばかりよ。

➡ le math de foot は「サッカーの試合」、gagner は「勝つ」、commencer は「始まる」という意味です。なお、Bのセリフの il は、前に出てきた男性単数形の名詞《 le match de foot 》を指しています（→ p.24）。

Cas 2

A マリー エ ラ
Marie est là ?
マリーさんはいらっしゃいますか。

B エル ヴィヤン ドゥ パルティール ア ランスタン
Elle vient de partir à l'instant.
いま出かけたところです。

➡ 電話の受け答えの例です。là は「そこに」、《 à l'instant 》は「たったいま」、「いましがた」の意味です。

Des mots importants 近い過去を伝える副詞と副詞句

トゥ タ ルール	イエール	アヴァン ティエール
tout à l'heure	hier	avant-hier
さきほど	きのう	おととい
ル マタン	ラプレ ミディ	ル ソワール
le matin	l'après-midi	le soir
（その）あさに	（その）午後に	（その）夜に
ル ウィケンド	ラ スメーヌ デルニエール	ル モワ デルニエ
le week-end	la semaine dernière	le mois dernier
（その）週末に	先週	先月

Chapitre 3 押さえておきたい！マストな超基本フレーズ

Chapitre 3
8

CD 2 08　能力の表現（動詞 savoir サヴォワール）

〜できますか？

能力を尋ねる表現です。
savoir（サヴォワール）を使って「〜できますか」と尋ねてみましょう。

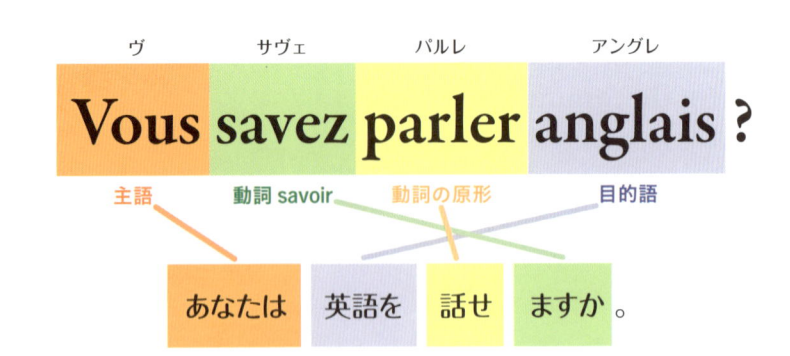

ヴ　　サヴェ　　パルレ　　アングレ
Vous savez parler anglais ?

主語 — あなたは
動詞 savoir — 話せ
動詞の原形 — 英語を
目的語 — ますか。

Point 1　品詞解説

主語	vous（ヴ）	=「あなた」
動詞	savez（サヴェ）	=「〜できます」　原形は savoir（サヴォワール）です。
動詞の原形	parler（パルレ）	=「話す」
目的語（名詞）	anglais（アングレ）	=「英語」

Point 2　能力の表現 savoir（サヴォワール）

　動詞 savoir（サヴォワール）は「〜を知っています」という意味ですが、後ろにもうひとつ動詞を伴うと「〜することができます」という意味になります。
　このとき、動詞 savoir（サヴォワール）は主語に応じて活用しなければなりません（→ p.183）。そして、そのあとに続く動詞はつねに動詞の原形（不定法）となります。

可能の表現
　主語　＋　savoir（サヴォワール）　＋　動詞の原形（不定法）

こんな場面で使います

Cas 1

A Vous savez nager ?
ヴ　サヴェ　ナジェ
あなたは泳げますか。

B Oui, je sais nager.
ウィ　ジュ　セ　ナジェ
はい、わたしは泳げますよ。

➡ nager は「泳ぐ」という意味の動詞です。

Cas 2

A Vous savez conduire une voiture ?
ヴ　サヴェ　コンデュイール
ユヌ　ヴォワチュール
あなたは運転できますか。

B Non, je ne sais pas conduire.
ノン　ジュ　ヌ　セ　パ
コンデュイール
いいえ、わたしは運転できません。

➡「できません」と否定文にするには、動詞の savoir を ne と pas ではさみ（→ p.34）、その後ろに動詞の原形を続けます。conduire は「運転する」、une voiture は「車」の意味です。

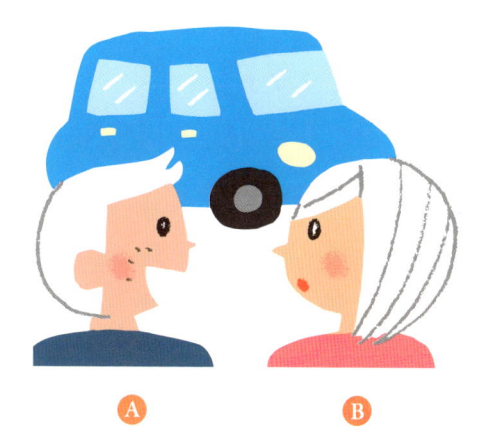

Avançons! 疑問文の語順 → p.32

左ページの例文は、肯定文の語尾のイントネーションを上げるだけの、もっとも簡単な疑問文の形です。では、主語と動詞の倒置による方法でこの疑問文をつくるとどうなるでしょうか。

Savez-vous parler anglais ?
サヴェ　ヴ　パルレ　アングレ
あなたは英語を話せますか。

このように、この構文では savoir と parler の2つの動詞がでてきますが、主語と倒置させるのは savoir の部分になります。

Chapitre 3　押さえておきたい！マストな超基本フレーズ

Chapitre 3
9

CD 2 09　許可の表現（動詞 pouvoir<ruby>ブヴォワール</ruby>）

〜してもよいですか？

許可を求める表現です。
pouvoir（ブヴォワール）を使って「〜してもよいですか」と聞きましょう。

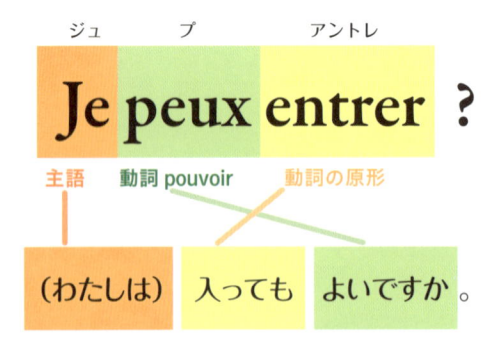

Je（ジュ） **peux**（ブ） **entrer**（アントレ） **？**

主語 — 動詞 pouvoir — 動詞の原形

（わたしは）　入っても　よいですか。

Point 1　品詞解説

主語	je（ジュ）	＝「わたし」
動詞	peux（ブ）	＝「〜してもよいです」　原形は pouvoir（ブヴォワール）です。
動詞の原形	entrer（アントレ）	＝「入る」

Point 2　許可を求める表現 pouvoir（ブヴォワール）

　動詞 pouvoir を使って、許可を求める表現「〜してもよいですか」という意味の文章をつくることができます。
　動詞 pouvoir は主語に応じて活用しなければなりません（→ p.183）。
　また、あとに続く動詞はつねに動詞の原形（不定法）となります。

許可の表現

主語 ＋ pouvoir（ブヴォワール） ＋ 動詞の原形（不定法）　？

80

こんな場面で使います

Cas 1

A ジュ プ プランドル ユヌ フォト イスィ
Je peux prendre une photo ici ?
こちらで写真を撮ってもよいですか。

B ウィ ビヤン スュール
Oui, bien sûr.
パ ドゥ プロブレム
Pas de problème.
はい、もちろんです。大丈夫ですよ。

➡《 prendre une photo 》「写真を撮る」、ici は「ここで」という意味です。「もちろん」は《 bien sûr 》と言います。

Cas 2

A オン プ フュメ イスィ
On peut fumer ici ?
こちらでタバコが吸えますか。

B ノン セ タンテルディ
Non, c'est interdit.
いいえ、禁止されています。

➡ on 「（一般に）人は」、「わたしたちは」を主語に用いて尋ねます。動詞 fumer 「タバコを吸う」という意味です。

Avançons! 不定代名詞 on

　動詞 pouvoir を使って、許可を求める表現は、《 Je peux + 動詞の原形？ 》のほかに、もうひとつ《 On peut + 動詞の原形？ 》があります。

オン プ デギュステ ル ヴァン
On peut déguster le vin ?
ワインの試飲はできますか。

　主語 on は「一般の人々」を指すことばです。「わたしたち」（= nous）を意味することもあります。あとに続く動詞（ここでは pouvoir）は三人称単数形の活用になるので注意してください。

Chapitre 3 押さえておきたい！マストな超基本フレーズ

81

Chapitre 3

10　依頼の表現（動詞 pouvoir）

〜していただけますか？

依頼の表現です。
pouvoir（プヴォワール）を使って「〜していただけますか」と聞きましょう。

プヴェ　　ヴ　ム　　モントレ　　ル　シュマン
Pouvez-vous me montrer le chemin ?

動詞 pouvoir　主語　目的語　動詞の原形　　目的語

（あなたは）（わたしに）道を　教えて　いただけますか。

Point 1　品詞解説

主語	vous（ヴ）	=「あなた」
動詞	pouvez（プヴェ）	=「〜できます」　原形は pouvoir（プヴォワール）です。
動詞の原形	montrer（モントレ）	=「示す、教える」
目的語（代名詞）	me（ム）	=「わたしに」　動詞の原形の直前に入ります。
目的語（名詞）	le chemin（ル シュマン）	=「道を」

Point 2　依頼の表現 pouvoir（プヴォワール）

　第一の使い方は許可を求める表現「〜してもよいですか」（→ p.80）という意味でしたが、第二の使い方で依頼の表現「〜していただけますか」という意味の文章をつくることができます。

依頼の表現
pouvoir（プヴォワール） ＋ **主語** ＋ **動詞の原形（不定法）** ？

こんな場面で使います

Cas 1

A Pouvez-vous me passer le sel ?
ブヴェ ヴ ム パッセ ル セル
塩をとっていただけますか。

B Oui, voilà.
ウィ ヴォワラ
はい、どうぞ。

➡《 passer le sel 》は「塩をとる（手わたす）」という表現です。me は「わたしに」の意味で動詞の原形の直前に入ります。

Cas 2

A Pouvez-vous me donner votre adresse, s'il vous plaît ?
ブヴェ ヴ ム ドネ ヴォトル アドレス スィル ヴ プレ
あなたの住所を教えていただけますか。

B Oui, voilà mon adresse.
ウィ ヴォワラ モン ナドレス
はい、こちらがわたしの住所です。

➡ donner は「与える」という意味の動詞です。この場合「住所を教える」という意味になります。

Avançons!《 Pourriez-vous + 動詞の原形? 》
プリエ ヴ

さらに丁寧な依頼の表現として、《 Pourriez-vous +動詞の原形?》「〜していただけませんか」という言い方があります。

Pourriez- vous me passer le poivre, s'il vous plaît ?
プリエ ヴ ム パッセ ル ポワーヴル スィル ヴ プレ
コショウをとっていただけますか。

　pourriez は動詞 pouvoir の条件法現在形という、まだ学んでいない法と時制の二人称複数形の活用形です。条件法の活用と用法はやや難しいので、本書では割愛しますが、《 Pourriez- vous +動詞の原形?》は日常よく使う丁寧な依頼表現なのでこのまま覚えてしまいましょう。

Chapitre 3 押さえておきたい！マストな超基本フレーズ

83

Chapitre 3
11

CD 2 / 11　願望の表現①（動詞 vouloir ヴロワール）

〜が欲しいです。

願望を伝える表現です。
vouloir ヴロワール を使って「〜が欲しいです」と言ってみましょう。

| ジュ | ヴドゥレ | ドゥ ロ | スィル ヴ プレ |

Je voudrais de l'eau, s'il vous plaît.

主語　動詞 vouloir　目的語

わたしは　水が　欲しいです。

Point 1　品詞解説　⇒ p.21

主語	je (ジュ)	=「わたし」
動詞	voudrais (ヴドゥレ)	=「〜が欲しいです」　原形は vouloir (ヴロワール) です。
目的語（名詞）	de l'eau (ドゥ ロ)	=「いくらかの量の水」（部分冠詞）
s'il vous plaît	s'il vous plaît (スィル ヴ プレ)	=「お願いします」

Point 2　願望の表現 vouloir ヴロワール ＋名詞

　動詞 vouloir ヴロワール は「〜が欲しい」という意味で、その後ろに名詞がくると「〜が欲しいです」という意味になります。

願望の表現（〜がほしい）

主語　＋　**vouloir** ヴロワール　＋　名詞（目的語）

　丁寧に願望を伝える表現として、《 Je voudrais 〜. 》「〜が欲しいのですが、〜がしたいのですが」のように条件法現在形という法と時制の丁寧な表現をよく使います。まずは、je の活用 voudrais の形だけ覚えてしまいましょう。

こんな場面で使います

Cas 1

A Qu'est-ce que tu voudrais ?
ケ ス ク テュ ヴドゥレ
何が欲しいですか。

B Je voudrais un collier.
ジュ ヴドゥレ アン コリエ
ネックレスが欲しいです。

➡ 《 Qu'est-ce que 〜 ? 》は「何が〜」と聞くときに使う疑問文です（→ p.92）。un collier は「ネックレス」という意味です。

Cas 2

A Voulez-vous du café ?
ヴレ ヴ デュ カフェ
コーヒーはいかがですか。

B Non, merci.
ノン メルスィ
いいえ、結構です。

➡ 人に何かを勧めるときには《 Voulez-vous 〜 ? 》を使います。直訳すると「〜は欲しいですか」という意味ですね。

Colonne 水あれこれ

　　フランスではカフェでもレストランでも水は頼まないと出てきません。無料の水道水の場合は un verre d'eau「コップ1杯の水」または une carafe d'eau「水差し1杯の水」、有料のミネラルウォーターの場合は、une bouteille d'eau「ボトル1本の水」と頼みましょう。
　　ガス入りの場合は、de l'eau pétillante「発泡性の水」または de l'eau gazeuse「ガス入りの水」、ガス無しの場合は de l'eau plate「発泡していない水」または de l'eau sans gaz、de l'eau non gazeuse「ガスなしの水」という表現が使えます。

Chapitre 3　押さえておきたい！マストな超基本フレーズ

Chapitre 3

12

CD 2 / 12　願望の表現②（動詞 vouloir ヴロワール）

〜したいです。

願望を伝える表現の続きです。
vouloir ヴロワール を使って「〜したいです」と言ってみましょう。

ジュ	ヴドゥレ	アレ	ヴォワール	ラ トゥー レフェル
Je	voudrais	aller	voir	la tour Eiffel.
主語	動詞 vouloir	動詞の原形		目的語（名詞）

わたしは　エッフェル塔を　見に　行き　たいです。

Point 1 　品詞解説

主語	je ジュ	＝「わたし」
動詞	voudrais ヴドゥレ	＝「〜がしたいです」　原形は vouloir ヴロワール です。
動詞の原形	aller voir アレ ヴォワール	＝「〜を見に行く」
目的語（名詞）	la tour Eiffel ラ トゥー レフェル	＝「エッフェル塔」

Point 2 　願望の表現 vouloir ヴロワール ＋動詞の原形

　動詞 vouloir ヴロワール はその後ろにもうひとつ別の動詞がくると「〜（することが）したいです」という意味になります。
　vouloir ヴロワール は主語に応じて活用しなければなりません（→ p.183）。
　また、あとに続く動詞はつねに動詞の原形（不定法）となります。

　　　　　　願望の表現（〜したい）
　　　　主語 ＋ vouloir ヴロワール ＋ 動詞の原形（不定法）

　上記の例文では aller voir アレ ヴォワール が aller アレ ＋動詞の原形となっているため、あわせて3つの動詞が続いています。

こんな場面で使います

Cas 1

A Qu'est-ce que tu voudrais manger ce soir ?
ケ　ス　ク　テュ　ヴドゥレ　マンジェ　ス　ソワール
今晩何が食べたいですか。

B Je voudrais manger un steak.
ジュ　ヴドゥレ　マンジェ　アン　ステック
ステーキが食べたいです。

→《 Qu'est-ce que 〜 ? 》の構文（→ p.92）で「何が〜」と尋ねます。manger は「食べる」、ce soir は「今晩」、un steak は「ステーキ」です。

Cas 2

A Qu'est-ce que vous voudriez faire demain ?
ケ　ス　ク　ヴ　ヴドゥリエ　フェール　ドゥマン
あしたは何をしたいですか。

B Je voudrais regarder un film.
ジュ　ヴドゥレ　ルギャルデ　アン　フィルム
映画を観たいです。

→ faire は「〜をする」という意味の動詞です（→ p.182）。demain は「あした」、regarder は「見る」、un film は「映画」という意味です。

Des mots importants　趣味や好みを表す動詞

マンジェ **manger** 食べる	ドルミール **dormir** 寝る、眠る	リール **lire** 読書する
ボワール **boire** お酒を飲む	ナジェ **nager** 泳ぐ	フェール　デュ　スポール **faire du sport** スポーツをする
フェール　レ　マガザン **faire les magasins** 買い物をする	アレ　オ　スィネマ **aller au cinéma** 映画に行く	ルギャルデ　ラ　テレ **regarder la télé** テレビを見る

※ Je voudrais のあとに上記の動詞を続けて、したいことを伝えましょう。

Chapitre 3　押さえておきたい！マストな超基本フレーズ

Chapitre 3

13

CD 2 — 13　必要・義務の表現① (動詞 devoir ドゥヴォワール)

～しなくてはいけません。

「～しなくてはいけません」というときの、devoir ドゥヴォワール を使う義務や必要の表現を学びましょう。

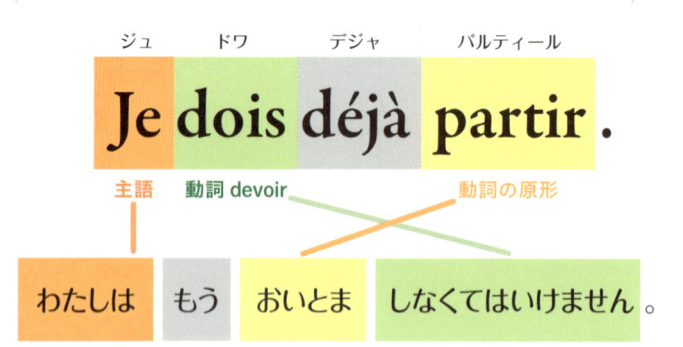

　　　ジュ　　ドワ　　デジャ　　パルティール
　　Je dois déjà partir .
　　　主語　動詞 devoir　　　　動詞の原形

| わたしは | もう | おいとま | しなくてはいけません | 。 |

Point 1　品詞解説

主語	je (ジュ)	＝「わたし」
動詞	dois (ドワ)	＝「～しなくてはいけません」原形は devoir (ドゥヴォワール) です。
副詞	déjà (デジャ)	＝「もう、すでに」
動詞の原形	partir (パルティール)	＝「出発する」

Point 2　義務や必要の表現 devoir (ドゥヴォワール)

　動詞 devoir (ドゥヴォワール) は「～しなければならない」という意味で用いるとき、その後ろにかならずもうひとつ動詞を伴います。
　つまり、動詞 devoir (ドゥヴォワール) は主語に応じて活用しなければなりません (→ p.183)。そして、そのあとに続く動詞はつねに動詞の原形 (不定法) となります。

必要・義務の表現
主語 ＋ **devoir** (ドゥヴォワール) ＋ 動詞の原形 (不定法)

こんな場面で使います

Cas 1

Je dois téléphoner à ma mère.
ジュ ドワ テレフォネ ア マ メール
母に電話しなくてはいけません。

➡《téléphoner à ～》で「～に電話する」、ma mère は「わたしの母」という意味です（→ p.177）。

Cas 2

Tu ne dois pas laisser ton vélo là-bas.
テュ ヌ ドワ パ レッセ トン ヴェロ ラバ
あそこに自転車を停めてはいけません。

➡ 否定文にするには、devoir を ne と pas ではさみ（→ p.34）、その後ろに動詞の原形（不定法）をつけます。laisser は「～を置いておく」、ton vélo は「きみの自転車」、là-bas は「あそこ」という意味です。

Avançons! devoir「～にちがいない」

devoir のもうひとつの用法として、「～にちがいない、～のはずである」という可能性や推定の表現をつくることもあります。

Il doit être encore jeune.
イル ドワ テートル アンコール ジュンヌ
彼はまだ若いにちがいない。

また、動詞の原形だけでなく、名詞を伴うことがありますが意味が異なる用法のため、この本では触れません。

Chapitre 3

14 必要・義務の表現② (動詞 falloir ファロワール)

〜する必要があります。

「〜する必要があります」というときの、
il faut イル フォ を使う義務や必要の表現を学びましょう。

イル　　フォ　　　ビヤン　　　　レフレシール
Il faut bien réfléchir.

Il faut ─── 動詞の原形

よく　考えてみる　必要があります 。

Point 1　品詞解説

Il faut	品詞に分解すると「非人称の主語 il イル + falloir ファロワール の三人称単数形」となりますが、常にこの形で使うのでこのまま覚えましょう。
副詞	bien ビヤン = 「よく」
動詞の原形	réfléchir レフレシール = 「じっくり考える」

Point 2　義務や必要の表現　il faut イル フォ

　動詞 falloir ファロワール は「〜しなければならない、〜すべきである、〜する必要がある」という意味で、その後ろにもうひとつ動詞を伴います。
　動詞 falloir ファロワール は非人称の主語 il イル のみで活用します (→ p.183)。つまり、常に《 Il faut イル フォ 〜. 》の形になります。
　また、そのあとに続く動詞はつねに動詞の原形 (不定法) となります。

義務や必要の表現

Il faut イル フォ ＋ 動詞の原形 (不定法)

こんな場面で使います

Cas 1

A イル フォ テテュディエ ア ラ
Il faut étudier à la
ビブリヨテック
bibliothèque.
図書館で勉強する必要があります。

➡ étudier は「勉強する」、à la bibliothèque は「図書館で」という意味です。

Cas 2

A イル フォ パルティール トゥ ドゥ スュイット
Il faut partir tout de suite.
すぐに出発しなくてはいけません。

B ダコール オ ニ ヴァ
D'accord. On y va !
わかりました。行きましょう。

➡ partir は「出発する」、tout de suite は「すぐに」という意味です。《 On y va ! 》は「さあ、行きましょう」という表現でよく使います。

Avançons! 非人称構文の主語 il

人称代名詞の il は、非人称構文の主語となることがあります。その際には il は日本語には訳せません。非人称の主語 il のおもな使い方を見ておきましょう。

天候や気象を表す
イル プル
Il pleut.
雨が降っています。

時刻を表す
イ レ トロワ ズール
Il est 3 heures.
3時です。

また、成句の《 Il faut ～. 》（→ p.90）や《 Il y a ～. 》（→ p.72）も非人称構文です。

Chapitre 3

45

CD 2 / 15 物を尋ねる表現（疑問代名詞 que）

〜は何ですか？

物を尋ねる表現です。
que を使って「〜は何ですか」と聞きましょう。

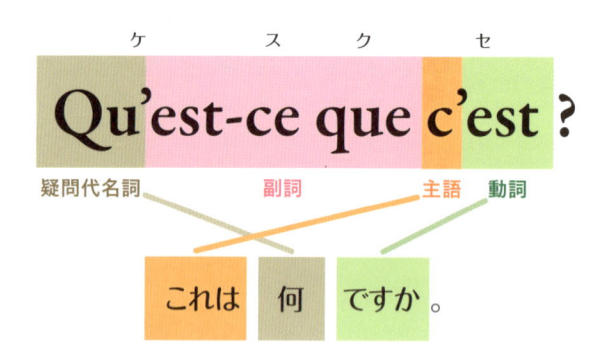

Qu'est-ce que c'est ?
ケ　ス　ク　セ

疑問代名詞　副詞　主語　動詞

これは　何　ですか。

Point 1　品詞解説　⇒p.32, p.66

疑問代名詞	qu'（疑問代名詞 que のエリジョン）＝「何」
副詞	est-ce que ＝「〜か」　疑問文をつくります。
主語	c'（指示代名詞 ce のエリジョン）＝「これ」
動詞	est ＝「〜です」　原形は être です。

Point 2　疑問詞を使った疑問文の語順　⇒p.32

ごく簡単に示すと疑問詞を使った疑問文の語順は3パターンあります。

① イントネーションによる疑問文
　　主語 ＋ 動詞 ＋ 疑問詞 ？

② est-ce que をつける疑問文
　　疑問詞 ＋ est-ce que ＋ 主語 ＋ 動詞 ？

③ 主語と動詞の倒置による疑問文
　　疑問詞 ＋ 動詞 ＋ 主語 ？

例文は②のパターンですね。

※主語を尋ねる場合は、このパターンは当てはまりません。
※たとえば、②のパターンでは、属詞や目的語を尋ねる場合は est-ce que ですが、主語を尋ねる場合は est-ce qui になり、主語は不要となります。

こんな場面で使います

Cas 1

A Qu'est-ce que vous faites ?
ケ ス ク ヴ フェット
何をしているのですか。

B Je cherche mes lentilles.
ジュ シェルシュ メ ランティーユ
コンタクトレンズを探しています。

➡《 Vous faites 〜. 》「あなたは〜をしています」という文章で、que「何」を用いた疑問文をつくります。chercher は「探す」、mes lentilles は「わたしのコンタクトレンズ」です。

Cas 2

A Qu'est-ce qu'il y a ?
ケ ス キ リ ヤ
何があったのですか。

B Il y a un accident de voiture.
イリヤ アン ナクスィダン ドゥ ヴォワテュール
自動車事故がありました。

➡《 Il y a 〜. 》「〜があります」という文章で、que「何」を用いた疑問文をつくります。un accident de voiture は「自動車事故」という意味です。

Avançons! 疑問代名詞 Quoi ?

　左ページの基本フレーズをイントネーションによる疑問文でつくるとつぎのようになります。

C'est quoi ?
セ コワ
これは何ですか。

　このように、疑問代名詞 que「何」は、属詞の位置では quoi になります。この形を強勢形と言います。また、前置詞の後ろも強勢形になるので覚えておきましょう。ただし、疑問代名詞 qui「誰」は属詞の位置でも qui のままです（→ p.94）。

Chapitre 3 押さえておきたい！マストな超基本フレーズ

Chapitre 3
16

CD 2 / 16　人を尋ねる表現（疑問代名詞 qui）

〜は誰ですか？

> 人について尋ねる表現です。
> qui を使って「誰（どなた）ですか」と聞きましょう。

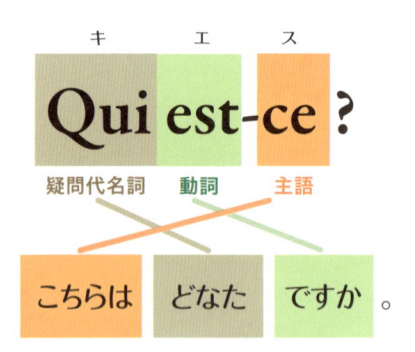

Qui（キ） est（エ）-ce（ス） ?

疑問代名詞　動詞　主語

こちらは　どなた　ですか。

Point 1　品詞解説　⇒p.66

疑問代名詞	qui（キ） =「誰（どなた）」
動詞	est（エ） =「〜です」　原形は être（エートル） です。
主語	ce（ス） =「これ（こちら）」

Point 2　疑問代名詞 qui（キ）

《 C'est（セ） 〜. 》（→ p.66）の文章をもとに、疑問代名詞 qui（キ）「誰」を用いた疑問文をつくります。

冒頭の基本フレーズは倒置による疑問文です（→ p.92）。基本フレーズをイントネーションによる疑問文でつくると、つぎのようになります（→ p.92）。

C'est（セ） qui（キ） ?
こちらはどなたですか。

なお、この例文では est-ce que（エ ス ク） による疑問文は使われません。

94

こんな場面で使います

Cas 1

A Qui est-ce que vous cherchez ?
キ エ ス ク ヴ シェルシェ
あなたは誰を探しているのですか。

B Je cherche ma tante.
ジュ シェルシュ マ タント
わたしは叔母を探しています。

➡ 《 est-ce que 〜？》による疑問文は《 Qui est-ce que 〜？》の形になります。chercher は「探す」、ma tant は「わたしの叔母」です。

Cas 2

A Le responsable, c'est qui ?
ル レスポンサブル セ キ
責任者はどなたですか。

B C'est moi.
セ モワ
わたくしです。

➡ le responsible は責任者です。その後に続く指示代名詞 ce はこれを受けています。B のセリフの moi は je の強勢形です（下記参照）。

Avançons! 人称代名詞の強勢形

疑問代名詞 que が属詞の位置や前置詞の後ろにくると強勢形 quoi になったように（→ p.93）、人称代名詞もその位置にくると強勢形になります。

主語人称代名詞	強勢形	主語人称代名詞	強勢形
je（わたし）ジュ	moi モワ	nous（わたしたち）ヌ	nous ヌ
tu（きみ）テュ	toi トワ	vous（あなたたち）ヴ	vous ヴ
il（彼）イル	lui リュイ	ils（彼ら）イル	eux ウ
elle（彼女）エル	elle エル	elles（彼女たち）エル	elles エル

Chapitre 3 押さえておきたい！マストな超基本フレーズ

95

Chapitre 3

CD 2 17

場所を尋ねる表現（疑問副詞 où）

〜はどこですか？

場所を尋ねる表現です。
où を使って「〜はどこですか」と聞きましょう。

ウ　　ソン　　レ　　　トワレットゥ

Où sont les toilettes ?

疑問副詞　動詞　　　主語

トイレは　どこ　ですか　。

Point 1　品詞解説

疑問副詞	où	=「どこ」
動詞	sont	=「〜です」　原形は être です。
主語	les toilettes	=「トイレ」　通常、複数形で用います。

Point 2　疑問副詞 où

疑問副詞 où「どこ」を用いた疑問文をつくります。冒頭のフレーズは倒置による疑問文です（→ p.92）。

イントネーションによる方法では、つぎのようになります（→ p.92）。

レ　トワレットゥ　ソン　ウ
Les toilettes sont où ?
トイレはどこですか。

なお、この例文では est-ce que を用いることはあまりありません。

こんな場面で使います

Cas 1

A
　　　ヌ　　　　ソム　　　ウ
Nous sommes où ?
ここはどこですか。

B
　　　ヌ　　　　ソム　　　オ　ジャルダン　デュ
Nous sommes au jardin du
　リュクサンブール
Luxembourg.
わたしたちはリュクサンブール公園にいます。

➡ A のセリフは直訳すると「わたしたちはどこにいますか」という意味です。なお、リュクサンブール公園はパリのセーヌ川左岸にある公園です。

Cas 2

A
　ウ　　アレ　　ヴ
Où allez-vous ?
あなたがたはどこに行くのですか。

B
　　ヌ　　　ザロン　　オ
Nous allons au
　　　モン　　サン　　ミシェル
Mont Saint-Michel.
わたしたちは
モン・サン＝ミッシェルに行きます。

➡ 行き先を尋ねる表現として A のセリフを覚えておくとよいでしょう。

Colonne　フランスのトイレ事情

　フランスのトイレ事情は日本ほどよくありません。まず、観光地などにある公衆トイレは基本的に有料で、50 サンチーム〜1 ユーロほどかかります。
　また、衛生面でも日本ほどそうじが行き届いていないところもありますし、トイレットペーパーが補充されていないところもあります。
　カフェや美術館などの公共施設のトイレは無料で使用できますし、比較的きれいです。緊急のときはカフェのトイレを借りるとよいでしょう。

Chapitre 3　押さえておきたい！マストな超基本フレーズ

Chapitre 3
18 — 時を尋ねる表現（疑問副詞 quand）

いつ〜しますか？

時を尋ねる表現です。
quand を使って「いつ〜しますか」と聞きましょう。

Vous partez quand ?

- Vous（ヴ）= 主語 →「あなたは」
- partez（パルテ）= 動詞 →「いつ」ではなく「出発しますか」
- quand（カン）= 疑問副詞 →「いつ」

あなたは いつ 出発しますか。

Point 1　品詞解説

- **主語**　vous（ヴ）=「あなた」
- **動詞**　partez（パルテ）=「出発する、発つ」　原形は partir（パルティール）です。
- **疑問副詞**　quand（カン）=「いつ」

Point 2　疑問副詞 quand

疑問副詞 quand「いつ」を用いた疑問文をつくります。冒頭のフレーズはイントネーションによる疑問文です。
est-ce que を用いる方法では、つぎのようになります（→ p.92）。

Quand est-ce que vous partez ?
あなたはいつ出発しますか。

また、倒置による方法では、つぎのようになります（→ p.92）。

Quand partez-vous ?
あなたはいつ出発しますか。

こんな場面で使います

Cas 1

A Quand est ce-que je peux aller chez vous ?
カン テ ス ク ジュ プ アレ シェ ヴ
いつお宅にお伺いしたらよいですか。

B Venez chez nous demain soir.
ヴネ シェ ヌ ドゥマン ソワール
あしたの晩、いらしてください。

➡ A は許可を求める pouvoir の表現です（→ p.80）。前置詞の chez には「〜宅に」という意味があり、chez vous で「あなたのお宅に」という意味になります。B のセリフの Venez は venir の二人称の命令形です。

Cas 2

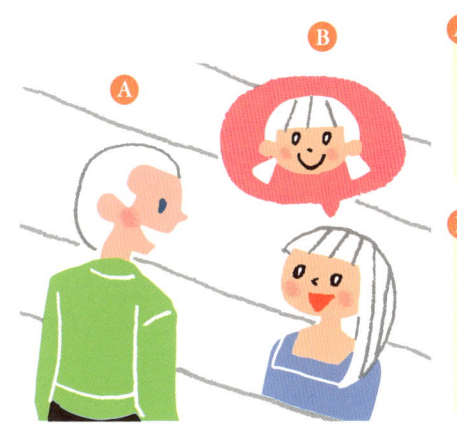

A Depuis quand apprenez-vous le français ?
ドゥピュイ カン アプルネ ヴ フランセ
いつからフランス語を学んでいますか。

B J'apprends le français depuis mon enfance.
ジャプラン ル フランセ デュピュイ モ ナンファンス
わたしはこどものときから
フランス語を学んでいます。

➡ depuis は「〜から」という意味の前置詞で、depuis qunad だと「いつから」になります。apprendre は学ぶという意味の動詞（→ p.183）、mon enfance は「わたしのこどもの頃」という意味の名詞です。

Des mots importants 時を示す前置詞や前置詞句

avant（アヴァン）	après（アプレ）	dans（ダン）
〜の前に	〜の後に	〜後に
pendant（パンダン）	jusqu'à（ジュスカ）	depuis（ドゥピュイ）
〜のあいだに	〜までに	〜から

Chapitre 3 押さえておきたい！マストな超基本フレーズ

Chapitre 3
19

CD 2-19　時間を尋ねる表現（疑問形容詞 quel(ケル), quelle(ケル)）

何時ですか？

時間を尋ねる表現です。
quel(ケル) / quelle(ケル) を使って「〜は何時ですか」と聞きましょう。

イル　レ　ケル　ウール　マントゥナン
Il est quelle heure maintenant ?

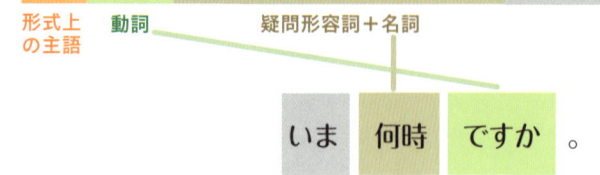

形式上の主語　動詞　疑問形容詞＋名詞

いま　何時　ですか 。

Point 1　品詞解説　⇒ p.91

主語	il(イル)	＝ 非人称の il(イル)
動詞	est(エ)	＝「〜です」 原形は être(エートル) です。
疑問形容詞	quelle(ケル)（quel(ケル) の女性単数形）	＝「何の、どんな」
名詞	heure(ウール)	＝「時間」
副詞	maintenant(マントゥナン)	＝「いま」

Point 2　疑問形容詞 quel(ケル) / quelle(ケル)

疑問形容詞 quel(ケル) / quelle(ケル) は、名詞の前に置かれ、その名詞の性と数（→ p.18-19）に一致します。「どの〜、どんな〜、何の〜」のような意味になります。

	単数形	複数形
男性形	quel(ケル)	quels(ケル)
女性形	quelle(ケル)	quelles(ケル)

上記の例文では heure(ウール)「時間」が女性単数名詞なので、疑問形容詞も女性単数形の quelle(ケル) になります。

こんな場面で使います

Cas 1

A Ce film commence à quelle heure ?
ス フィルム コマン サ ケ ルール
その映画は何時に始まりますか。

B Il commence à 10 heures.
イル コマン サ ディ ズゥール
それは 10 時に始まります。

➡ イントネーションによる疑問文です（→ p.92）。
《 commencer à ~ 》は「~に始める」、ce film は「この映画」の意味です。

Cas 2

A Vous êtes à la faculté jusqu'à quelle heure ?
ヴ ゼット ザ ラ ファキュルテ ジュスカ ケ ルール
あなたがたは大学に何時までいますか。

B Nous sommes à la fac jusque vers 3 heures.
ヌ ソム ザ ラ ファック ジェスク ヴェール トロワ ズール
わたしたちは大学に 3 時頃までいます。

➡ イントネーションによる疑問文です。la faculté (la fac と省略) は「大学」、jusque ~ は「~まで」、vers「~頃」の意味です。

Colonne　サマータイム

　フランスを旅行する際、気をつけなければならないのがサマータイムです。夏と冬では日照時間が大きく異なるため、夏季（4月～10月）は時計を1時間すすめ、逆に冬季（11月～3月）は1時間もどして調節するのです。

　日本からの時差でいうと、フランスの時刻は夏は日本より7時間遅く、冬は8時間遅いということになります。

　時計を合わせ間違えると、遅刻の原因となるので、とくにサマータイムの切り替わりの時期（3月と10月の最終日曜日）は気をつけましょう。

Chapitre 3 20

CD 2 20　様子・手段を尋ねる表現（疑問副詞 comment）

〜はどうですか？

> 様子・手段を尋ねる表現です。
> comment を使って「〜はどうですか」と聞きましょう。

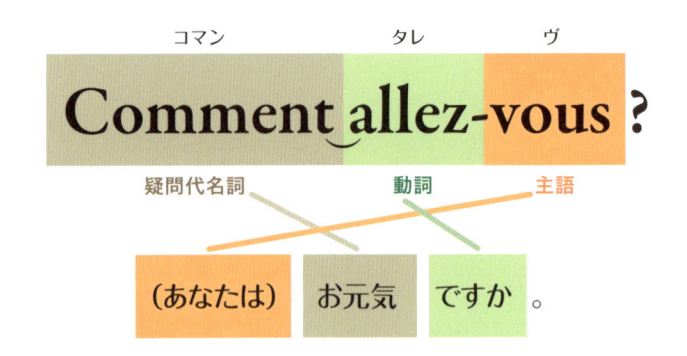

コマン　　　　　タレ　　　　ヴ
Comment allez-vous ?

疑問代名詞　　動詞　　主語

（あなたは）　お元気　ですか　。

Point 1　品詞解説

疑問代名詞	comment（コマン）	=「どのように」
動詞	allez（アレ）	=「行く」 原形は aller（アレ）です。
主語	vous（ヴ）	=「あなた」

Point 2　疑問副詞 comment

　疑問副詞 comment（コマン）「どのように」を用いた疑問文をつくります。
　冒頭のフレーズは、全体として「あなたはどのようにいっていますか」という意味ですが、「お元気ですか、うまくいっていますか」というあいさつの表現になります。
　また、comment には「どうやって」と手段・方法を尋ねる意味もあります。

コマン　　ヴァ　テュ　ア　リヨン
Comment vas-tu à Lyon ?
きみはリヨンにどうやって行くの。

こんな場面で使います

Cas 1

A Ton père, il va comment ?
トン　ペール　イル　ヴァ　コマン
お父さんのお具合はどう？

B Il va beaucoup mieux qu'avant.
イル ヴァ ボク ミュー カヴァン
前よりずっとよくなりました。

➡ Aのセリフの ton père は「きみのお父さん」という意味で、その後の il は ton père を指しています。また、Bのセリフは比較の構文で、mieux は bien「良い」の比較級です。que の後には比較の対象（ここでは avant「前」）が続きます。

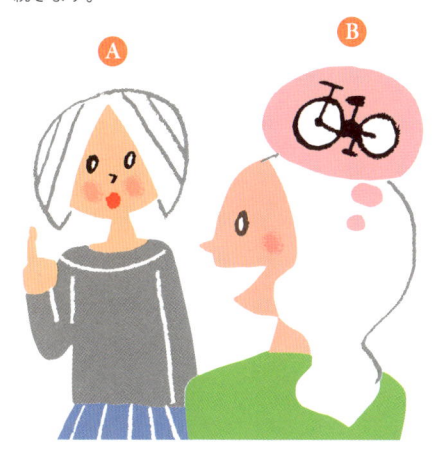

Cas 2

A Comment va-t-on à la bibliothèque ?
コマン　ヴァ　トン　ア ラ　ビブリオテック
どうやって図書館に行きましょうか。

B On y va à vélo.
オ ニ ヴァ ア ヴェロ
自転車で行きましょう。

➡ on は「わたしたち」を意味する不定代名詞（→ p.81)、la bibliothèque は「図書館」です。à vélo は「自転車で」という意味になります。

Avançons! Comment + 動詞の原形（不定法）?

Commet の後に動詞の原形を続けて、「どのように～したらよいか」という文章をつくることができます。

Comment faire ?
コマン フェール
どうしたらよいのだろう。

Comment dire ?
コマン ディール
どう言えばよいのだろう。

Chapitre 3　押さえておきたい！マストな超基本フレーズ

103

Chapitre 3

21 数量を尋ねる表現（疑問副詞 combien）

どのくらい〜ですか？

数量を尋ねる表現です。
combien を使って「どのくらい〜ですか」と聞きましょう。

コンビヤン　　ドゥ　　　キロメートル　　　イ ア ティル　　ディスィ ア ラ　ギャール
Combien de kilomètre y a-t-il d'ici à la gare ?

疑問副 ＋ de ＋ 無冠詞名詞　　　　　　y a-t-il

ここから　駅まで　どのくらいの距離が　ありますか。

Point 1　品詞解説

疑問副詞	combien ＝「どのくらい、いくつ」（＋ de ＋ 無冠詞名詞）
名詞	kilomètre ＝「キロメートル」
y a-t-il	《il y a》「〜があります」（→ p.72）の構文の疑問形です。文法上、発音調整 -t- が入ります。
前置詞句	d'ici ＝「ここから」 à la gare ＝「駅に、駅まで」

Point 2　疑問副詞 combien

疑問副詞 combien「どのくらい、いくつ」を用いた疑問文をつくります。疑問副詞 combien は数量を表すので、combien de ＋名詞（無冠詞で用いる）の語順となるのがポイントです。

イントネーションによる方法で、つぎのように言うこともできます（→ p.92）。

イリヤ　　コンビヤン　ドゥ　キロメートル　　ディスィ ア ラ　ギャール
Il y a combien de kilomètre d'ici à la gare ?
ここから駅までどのくらいの距離がありますか。

こんな場面で使います

Cas 1

A コンビヤン ドゥ タン フォ ティル
Combien de temps faut-il
ブール アレ ア ラエロポール
pour aller à l'aéroport ?
空港までどのくらい時間がかかりますか。

B イル フォ アンヴィロン ユ ヌール
Il faut environ une heure.
1時間くらいです。

➡《 Combien de temps 〜？ 》で「どのくらいの時間〜」という表現です。おおよその時間を言うには《 environ ＋時間 》で「〜くらい」と言います。《 pour aller à 〜 》は「〜へ行くために」、à l'aéroport は「空港まで」という意味です。

Cas 2

A コンビヤン ドゥ キロ ドゥ
Combien de kilos de
ポワール アシュテ ヴ
poires achetez-vous ?
どのくらい洋梨を買いますか。

B ドゥ キロ スィル ヴ プレ
2 kilos s'il vous plaît.
2キロください。

➡《 Combien de ＋無冠詞名詞 》で数量を尋ねます。acheter は「買う」という意味の動詞です。フランスでは野菜や果物はキロ売りのものも多いです。

Colonne マルシェでの買い物

　フランスでは、日曜日の朝にマルシェ（市場）が開かれます。八百屋や精肉店などがならび、その活気のある様子は見ているだけでも楽しいです。
　combien を使った表現はマルシェで大活躍します。何個買うか、あるいは何キロ買うか聞かれたりするので、聞き取れるようにしましょう。
　また、《 Ça coûte combien ?》「これはいくらですか。」（→ p. 144）もよく使うのであわせて覚えましょう。

Chapitre 3

CD 2 / 22

理由を尋ねる表現（疑問副詞 pourquoi）

どうして〜ですか？

理由を尋ねる表現です。
pourquoi（プルコワ）を使って「どうして〜ですか」と聞きましょう。

プルコワ	ヴ	ヴネ	アン フラーンス
Pourquoi	vous	venez	en France ?
疑問副詞	主語	動詞	
どうして	あなたは	来たのですか	フランスに 。

Point 1　品詞解説

疑問副詞	pourquoi（プルコワ）	＝「どうして」
主語	vous（ヴ）	＝「あなた」
動詞	venez（ヴネ）	＝「来る」　原形は venir（ヴニール）です。
副詞句	en France（アン フラーンス）	＝「フランスに」

Point 2　疑問副詞 pourquoi（プルコワ）

疑問副詞 pourquoi（プルコワ）「どうして、なぜ」を用いた疑問文をつくります。
冒頭のフレーズはイントネーションによる疑問文（→ p.92）ですが、倒置による方法では、つぎのようになります（→ p.92）。

> **Pourquoi venez-vous en France ?**
> （プルコワ　ヴネ　ヴ　アン　フラーンス）
> あなたはどうしてフランスに来たのですか。

通常は《 Parce que 〜.（パルス ク）》「なぜなら〜だからです」で答えることが多いです。

> **Parce que je voudrais apprendre le français.**
> （パルス　ク　ジュ　ヴドゥレ　アプランドル　ル　フランセ）
> フランス語を学びたいからです。

こんな場面で使います

Cas 1

A
プルコワ　テュ　プルール
Pourquoi tu pleures ?
どうして泣いているの。

B
パルス　ク　ジュ　スュイ　ペルデュ
Parce que je suis perdu.
迷子になったからです。

➡ pleurer は「泣く」、perdu は「迷子になった」という意味です。女性の場合は perdue となるので注意しましょう。

Cas 2

A
プルコワ　ル　トラン
Pourquoi le train
ナリーヴ　パ
n'arrive pas ?
どうして電車が来ないのですか。

B
パルス　キ　リヤ　ユヌ　グレーヴ
Parce qu'il y a une grève.
ストライキのせいです。

➡ A のセリフは pourquoi と否定疑問文 (→ p.35) の組み合わせですね。une grève は「ストライキ」という意味です。

Colonne　ストライキ

　フランス人は労働者の権利を求めてストライキを行います。バスや電車、地下鉄などの公共交通機関のストライキも多いです。全ての便が止まるわけではないですが、本数が減るので混雑しますし、場合によっては予定を変更しなくてはいけない場合もあります。
　ストライキが始まる数日前にはニュースやホームページで告知されるので、旅行の前にはそれらをチェックしておくとよいでしょう。

復習しよう

Chapitre 3 で学習した文法事項を練習問題で確認してみましょう。

❶ 日本語の訳にあうように語順を並べ替えましょう。なお、文頭の大文字も小文字にしてあります。

(1) photo / de / ma famille / la / est / c' /.
これはわたしの家族の写真です。
( )

(2) à la télé / aime / j' / regarder / sport / le /.
わたしはテレビでスポーツ観戦をするのが好きです。
( )

(3) à voir / beaucoup de choses / il y a / à Paris /.
パリには見るべきものがたくさんあります。
( )

(4) mer / je / aller / à / voudrais / la /.
わたしは海に行きたいです。
( )

(5) chez / rentrer / je / moi / dois /.
わたしは家に帰らなければなりません。
( )

(6) demain / vous / allez / où / ?
あなたはあしたどちらに行きますか。
( )

(7) coûte / combien / cette cafetière / ?
このコーヒーポットはおいくらですか。
( )

> それぞれの構文の語順を思い出してくださいね。

解答と解説

(1) **C'est la photo de ma famille.**
　セ　ラ　フォト　ドゥ　マ　ファミーユ

《 C'est 〜. 》の構文です（→ p.66）。de「〜の」は所有や所属を表し「家族の写真」という意味になります。このフレーズを使えば写真を示しながら自分の家族紹介ができますよ。

(2) **J'aime regarder le sport à la télé.**
　ジェム　ルギャルデ　ル　スポール　ア　ラ　テレ

《 J'aime ＋動詞の原形. 》「〜することが好きです」「〜したいです」のフレーズです（→ p.68）。regarder「観る」は voir「見る」よりもじっくり見る行為（英語の watch と look のような関係）で、-er 動詞なので便利に使えます。à la télé は「テレビで」という意味です。

(3) **Il y a beaucoup de choses à voir à Paris.**
　イリヤ　ボク　ドゥ　ショーズ　ザ　ヴォワール　ア　パリ

《 Il y a 〜. 》の構文です（→ p.72）。この構文では beaucoup de 〜「たくさんの〜」を伴うことがよくあります。beaucoup de choses「たくさんのもの（こと）」と、前置詞 à「〜すべき」の用法も覚えてしまいましょう。voir は「見る」に加えて、「見物する」という意味があります。

(4) **Je voudrais aller à la mer.**
　ジュ　ヴドゥレ　アレ　ア　ラ　メール

《 Je voudrais ＋名詞（句）. 》「〜が欲しいです」（→ p. 84）と《 Je voudrais ＋動詞の原形. 》「〜がしたいです」（→ p.86）は旅行中もとても便利に使えるフレーズです。《 Je voudrais 》は《 Je veux 》よりずっと丁寧な表現、しっかり身につけましょう。

(5) **Je dois rentrer chez moi.**
　ジュ　ドワ　ラントレ　シェ　モワ

《 Je dois ＋動詞の原形. 》「〜しなければなりません」（→ p.88）のフレーズです。rentrer「帰る」は -er 動詞で、帰りたいときなどに便利に使えるので、早めに覚えておくといいですね。chez moi「わたしの家に」は前置詞 chez「〜の家に」＋人称代名詞の強勢形です（→ p.95）。

(6) **Vous allez où demain ?**
　ヴ　ザレ　ウ　ドゥマン

疑問詞 où「どこ」を用いたフレーズです（→ p.96）。選択肢に − （トレデュニオン）があれば、倒置の疑問文《 Où allez-vous demain ? 》と言うこともできます。

(7) **Cette cafetière coûte combien ? / Combien coûte cette cafetière ?**
　セットゥ　カフティエール　クット　コンビヤン　　コンビヤン　クット　セットゥ　カフティエール

疑問詞 combien「いくら」を用いたフレーズです（→ p.104）。《 〜 coûte combien ? 》以外にも、《 〜 est combien ? 》（〜 エ　コンビヤン）や《 〜 fait combien ? 》（〜 フェ　コンビヤン）という言い方もよく用いられますので、どれも聞き取れるようになっておきましょう。なお、cette cafetière「このコーヒーポット」の cette は指示形容詞の女性単数形で、「この、あの、その」という強い指示性を示しています。

❷ [ ] にあてはまる動詞を3つの選択肢から選んで、主語にあわせて正しく活用して入れましょう。

(1) Je [avoir être aller] au restaurant.
わたしはレストランに行きます。

語彙 au restaurant「レストランへ」

(2) Vous [aller venir être] d'arriver à Paris hier ?
あなたはきのうパリに着いたばかりなのですか。

語彙 arriver「到着する」（第1群規則動詞） hier「きのう」

(3) Vous [pouvoir devoir avoir] écrire en anglais ?
英語で書いていただけますか。

語彙 en anglais「英語で」

(4) Je [pouvoir avoir vouloir] garer ma voiture ici ?
ここに車を停めてもよいですか。

語彙 garer「駐車する」（第1群規則動詞） ma voiture「わたしの車」

(5) C' [avoir vouloir être] quoi, le mot de passe ?
「モ・ドゥ・パス」って何ですか。

(6) Quelle heure [avoir être faire] -il ?
いま何時ですか。

(7) Vous [aimer avoir être] aller à la montagne ?
あなたは山に行きたいですか。

語彙 la montagne「山」

動詞の意味と活用を押さえましょう。活用はp.182 - 183を見てね。

(1) 【vais】 Je vais au restaurant.

《 Je vais ～. 》のフレーズですので、「行く」の現在形の文章です（→ p.74）。ちなみに、近接未来形《 Je vais ＋動詞の原形. 》を用いて「わたしはレストランに行くつもりです」と言うには、《 Je vais aller au restaurant. 》（ジュ ヴェ ザレ オ レストラン）としましょう（→ p.74）。

(2) 【venez】 Vous venez d'arriver à Paris hier ?

近接過去形《 Je venir de ＋動詞の原形. 》を用いたフレーズです（→ p.76）。arriver は -er 動詞で「到着する」、hier は「きのう」という意味です（→ p.77）。

(3) 【pouvez】 Vous pouvez écrire en anglais ?

《 Vous pouvez ＋動詞の原形. 》のフレーズです（→ p.82）。フランス語でどうしても通じないときに便利な言い方です。値段などの数字が聞き取れないときにも《 Vous pouvez écrire ? 》とお願いできます。

(4) 【peux】 Je peux garer ma voiture ici ?

《 Je peux ＋動詞の原形. 》「～してもよいですか」（→ p.80）のフレーズです。《 On peut ＋動詞の原形. 》使うと《 On peut garer sa voiture ? 》（オン プ ガレ サ ヴォテュール）「（一般的に人は）ここに車を停めてもよいですか」という意味になります（→ p.81）。

(5) 【est】 C'est quoi, le mot de passe ?

疑問詞 quoi「～は何ですか」（→ p.93）を用いたフレーズです。《 Qu'est-ce que ça veut dire ? 》（ケ ス ク サ ヴ ディール）「それはどういう意味ですか」という言い方もあります。ちなみに mot de passe は「パスワード」のことです。

(6) 【est】 Quelle heure est-il ?

疑問形容詞 quel「どの～」を用いたフレーズです（→ p.100）。そのなかでも《 quelle heure ～ ? 》は時間を尋ねる定番の表現です。現在の時間を尋ねるには《 Vous avez l'heure ? 》（ヴ ザ ヴェ ルール）「（いま）何時ですか」というフレーズもあります。

(7) 【aimez】 Vous aimez aller à la montagne ?

《 aimer ～ 》「～が好きです」や《 aimer ＋動詞の原形 》「～するのが好きです」のフレーズです（→ p.68）。

方位・位置関係の表し方

CD 2
23

方位や位置関係について言えるようになりましょう。道案内にも役立ちます。

● 方位の表し方

エスト	ウェスト	スュッド	ノール
est	**ouest**	**sud**	**nord**
東	西	南	北

・「〜の東に」と言うときは、《 à l'est de 〜 》と言います。

● 前後左右の表し方

ドゥヴァン	デリエール
devant	**derrière**
〜の前に	〜の後ろに
ア ドロワット	ア ゴーシュ
à droite	**à gauche**
右に	左に

● ここ、そこ、あそこの表し方

イスィ	ラ	ラバ
ici	**là**	**là-bas**
ここ	そこ	あそこ

● 道案内の表現

> アレ　トゥ　ドロワ
> **Allez tout droit.**
> まっすぐ行ってください。

> プルネ　ラ　ドゥズィエム　リュ　ア　ゴーシュ
> **Prenez la deuxième rue à gauche.**
> 2つめの道を左に進んでください。

> トゥルネ　ア　ドロワット　オ　コワン　ドゥ ラ　リュ
> **Tournez à droite au coin de la rue.**
> その角を右に曲がってください。

Chapitre 4

これで旅行もバッチリ！
場面定番フレーズ

L'aéroport
空港

CD 2
24

コントロール　デ　パスポール
le contrôle des passeports
入国審査

アン　ナビヨン
un avion
飛行機

アン　パスポール
un passeport
パスポート

ジュ　ヴィヤン　アン　フラーンス
Je viens en France
プール　フェール　デュ　トゥリスム
pour faire du tourisme.
観光しにフランスに来ました。

レ　バガージュ
les bagages
荷物受取所

ラ　ドゥワンヌ
la douane
税関

ユヌ　ヴァリーズ
une valise
スーツケース

アン　タクスィ
un taxi
タクシー

114

Chapitre 4 これで旅行もバッチリ！場面定番フレーズ

ラ キャルト　　　ダンバラクマン
la carte d'embarquement
搭乗券

ル　コントワール
le comptoir
チェックインカウンター

ル　コントロール　デ
le contrôle des
バガージュ　ア　マン
bagages à main
手荷物検査場

ユヌ　　ブティック
une boutique
ダルティクル　　デタクセ
d'articles détaxés
免税店

ウ　エ　ラ　スタスィヨン　ドゥ　タクスィ
Où est la station de taxi ?
タクシー乗り場はどこですか。

アン　スティワルト
un stewart /
ユヌ　　ノテス　ドゥ　レール
une hôtesse de l'air
男性客室乗務員／
女性客室乗務員

115

Chapitre 4-1

CD 2 / 25

空港内で使えるフレーズ

いよいよフランスの空港に到着しました。
フランス語で話してみましょう！

入国審査にて

ブルコワ ヴネ ヴ
Pourquoi venez-vous
アン フラーンス
en France ?
どうしてフランスに来たのですか。

ジュ ヴィヤン アン フラーンス
Je viens en France
プール フェール デュ トゥリスム
pour faire du tourisme.
観光しにフランスに来ました。

《 ジュ ヴィヤン アン フラーンス
Je viens en France 》は「わたしはフランスに来ました」という表現で、目
プール
的を表す前置詞 pour の後ろに、さまざまな名詞や動詞の不定法（原形）を入れる
ことで、フランス入国の目的を伝えることができます。

ジュ ヴィヤン アン フラーンス プール ル トラヴァイユ
＊ **Je viens en France pour le travail.**
　　仕事でフランスに来ました。

ジュ ヴィヤン アン フラーンス プー ラシステ ア ユヌ コンフェラーンス
＊ **Je viens en France pour assister à une conférence.**
　　会議に出席しに来ました。

定番フレーズ I 手荷物受取場にて

Ma valise n'est pas encore là.
（マ ヴァリーズ ネ パ ザンコール ラ）

わたしのスーツケースがまだありません。

- **文化** フランスをはじめ、ヨーロッパの国際線では乗り継ぎ便が多く、空港が煩雑という理由もあり、スーツケースの紛失がしばしば起こります。
- **表現** 《 ne 〜 pas encore 》「まだ〜ない」
- **語彙** là「そちらに」

定番フレーズ II 両替所にて

Je voudrais changer 30 000 yens en euros.
（ジュ ヴドゥレ シャンジェ トロントミリ エン オ ニューロ）

3万円をユーロに替えてください。

- **表現** 《 Je voudrais ＋動詞の原形. 》「〜したいです」（→ p.86）
  《 changer A en B 》「A を B に替える」

定番フレーズ III 案内所にて

Où est le comptoir d'Air France ?
（ウ エ ル コントワール デール フラーンス）

エールフランスのチェックインカウンターはどこですか。

- **表現** 《 Où est 〜 ? 》「〜はどこですか」（→ p.96）

定番フレーズ IV 税関にて

J'ai 6 bouteilles de vin dans mon sac.
（ジェ スィ ブテイユ ドゥ ヴァン ダン モン サック）

バッグにワインが6本入っています。

- **文化** EU 圏外からフランスに入国する際には、税関で持ち込みが制限されるものがあります。

Chapitre 4
2

CD 2 / 26

タクシー乗り場などで使えるフレーズ

空港からパリ市内へ移動します。
フランス語をもっと試してみましょう！

タクシー乗り場を探す

ウ エ ラ スタスィヨン ドゥ タクスィ
Où est la station de taxi ?
タクシー乗り場はどこですか。

ラ バ
Là-bas.
あちらです。

　《Où est ～ ?》の表現 (→ p.96) で尋ねることができますね。
　「タクシー乗り場」は la station de taxi です。「メトロの駅」も la station de métro ですが、「鉄道（電車）の駅」は la gare 、「バス乗り場」は l'arrêt (de bus) など、乗り物によって駅や乗り場の名称は日本語とは異なるので注意しましょう。

ウ エ ラ ギャール
✳ **Où est la gare ?**
電車の駅はどこですか。

定番フレーズ I 　タクシーにて

À la gare Montparnasse, s'il vous plaît.
ア ラ ギャール　モンパルナス　スィル ヴ プレ

モンパルナス駅までお願いします。

表現　《 前置詞 à ＋場所 》「〜まで」（→ p.28）
　　　《 s'il vous plaît. 》「お願いします」（→ p.37）

定番フレーズ II 　レンタカーを借りる

Je voudrais louer une voiture.
ジュ　ヴドゥレ　ルエ　ユヌ　ヴォワテュール

レンタカーを借りたいです。

表現　《 Je voudrais ＋動詞の原形. 》「〜したいです」（→ p.86）

語彙　louer「〜を借りる」（第 I 群規則動詞）
　　　une voiture「車」

定番フレーズ III 　シャトルバスの時刻を聞く

Le prochain bus pour Paris part à quelle heure ?
ル　プロシャン　ビュス　プール　パリ　パール ア ケル ルール

次のパリ行きのバスは何時に出発しますか。

表現　《 前置詞 pour ＋場所 》「〜行きの」
　　　《 à quelle heure 》「何時に」（→ p.100）

定番フレーズ IV 　RER に乗る

On va prendre le RER pour aller à Paris.
オン　ヴァ　プランドル　ル　エールウーエール　プール　アレ ア パリ

パリ市内まで RER に乗りましょう。

表現　《 aller ＋動詞の原形 》「〜するつもりです」（近接未来）（→ p.74）
　　　《 前置詞 pour ＋動詞の原形 》「〜するために」

文化　RER はパリと郊外を結ぶ高速郊外地下鉄です。
　　　シャルル・ド・ゴール空港にも駅があります。

L'hôtel
ホテル

CD 2
27

la réception
フロント

le réceptionniste/
la réceptionniste
男性のフロント係／
女性のフロント係

l'ascenseur
エレベーター

le portier
ドアマン

**Je m'appelle TANAKA.
J'ai une réservation pour ce soir.**
予約していた田中です。

Vous pouvez porter mes valises dans ma chambre ?
部屋まで荷物を運んでもらえますか。

les rideaux
カーテン

la climatisation
エアコン

la fenêtre
窓

le chauffage
暖房器具

le mur
壁

la télévision
テレビ

le lit
ベッド

J'ai un problème dans ma chambre.
部屋に問題があります。

le téléphone
電話

la chaise
イス

le canapé
ソファー

Chapitre 4 これで旅行もバッチリ！場面定番フレーズ

121

Chapitre 4 - 3

CD 2 / 28

フロントで使える フレーズ

滞在先のホテルに到着です。
フランス語でもっと話してみましょう！

予約がある場合のチェックイン

　　　ジュ　　　マペル　　　　タナカ
Je m'appelle TANAKA.
　ジェ　ユヌ　　レゼルヴァスィヨン
J'ai une réservation
　　　プール　ス　ソワール
pour ce soir.
予約していた田中です。

　　　ヴィヤンヴニュ
Bienvenue,
　　マダム
madame.
ようこそいらっしゃいました。

「田中と申します。部屋を予約しています。」と２つの文章で伝えることができます。《 Je m'appelle TANAKA. 》の部分は、《 C'est TANAKA. 》と言うこともあります。「予約」は une réservation、「今晩用の」は pour ce soir です。

　ホテルにチェックインする際はパスポートの提示をもとめられることがあるので、すぐ出せるようにしましょう。

定番フレーズ I 予約がない場合のチェックイン

ヴ　ザヴェ　ユヌ　シャーンブル　ディスポニブル　プール　ス　ソワール
Vous avez une chambre disponible pour ce soir ?
今晩は空いている部屋がありますか。

- **語彙** une chambre disponible「空室」
- **表現** 《前置詞 pour ＋名詞》「〜のための」

定番フレーズ II チェックアウト時刻の確認

ジュ　ドワ　キテ　ラ　シャーンブル　ア　ケ　ルール
Je dois quitter la chambre à quelle heure ?
チェックアウトは何時ですか。

- **表現** 《Je dois ＋動詞の原形.》「〜しなければなりません」（→ p.88）
- **語彙** quitter la chambre「部屋をチェックアウトする」

定番フレーズ III 荷物を預ける

ヴ　ブヴェ　ギャルデ　メ　ヴァリーズ
Vous pouvez garder mes valises ?
荷物を預かってもらえますか。

- **表現** 《Vous pouvez ＋動詞の原形？》「〜していただけますか」（→ p.82）
- **語彙** garder「保管する」（第Ｉ群規則動詞）

定番フレーズ IV 近くの店について尋ねる

エ　ス　キ　リ　ヤ　ユヌ　シュペレットゥ　プレ　ディスィ
Est-ce qu'il y a une supérette près d'ici ?
近くにスーパーはありますか。

- **表現** 《Il y a 〜.》「〜があります」（→ p.72）
- **語彙** près d'ici「この近くに」
- **文化** 残念ながら、フランスにコンビニエンスストアはありません。
夜間も営業している「小さなスーパーマーケット」を supérette と言いますが、これも 24 時間営業とは限りません。

Chapitre 4

CD 2
29

ホテルのサービスに関するフレーズ

ホテルは会話ができる貴重な場所です。
フランス語で快適なステイを！

荷物を頼む

ヴ　　　　プヴェ　　　ポルテ
Vous pouvez porter
メ　　ヴァリーズ　　ダン　マ　　シャーンブル
mes valises dans ma chambre ?
部屋まで荷物を運んでもらえますか。

アヴェク　　プレズィール
Avec plaisir,
マダム
madame.
よろこんで。

　依頼の表現《 Vous pouvez ＋ 動詞の原形 ? 》（→ p.82）でお願いしましょう。
「運ぶ」は動詞 porter、「（わたしの）荷物（旅行かばん、スーツケース）」は mes valises、「（わたしの）部屋のなかに」は前置詞 dans を用いて dans ma chambre です。
　ボーイにチップを渡す場合は、荷物を部屋に運び入れてくれたり、タクシーなどに積み込んでくれたりしたタイミングで、2ユーロ程度をそっと手渡すとスマートです。
　なお、ルームサービスについては、料金にサービスチャージもふくまれているので、チップを払う必要はありません。

定番フレーズ I

ルームサービスを頼む

Pourrais-je avoir un service en chambre ?
プレ ジュ アヴォワール アン セルヴィス アン シャーンブル

ルームサービスをお願いできますか。

表現　《 Pourrais-je ＋動詞の原形？ 》「〜できますか」
　　　《 Je peux ＋動詞の原形. 》（→ p.80）の条件法を使った丁寧な言い方です（→ p.83）。

語彙　service en chambre「ルームサービス」

定番フレーズ II

モーニングコールを頼む

Pourriez-vous me réveiller à 6 heures demain matin, s'il vous plaît ?
プリエ ヴ ム レヴェイエ アスィ ズール ドゥマン マタン スゥル ヴ プレ

明朝6時にモーニングコールをお願いします。

表現　《 Pourriez-vous ＋動詞の原形？ 》「〜していただけませんか」（→ p.83）

プラスα　代名詞 me「わたしを」は動詞の直前に入ります。

定番フレーズ III

コンシェルジュに相談

Est-ce qu'il y a un bon restaurant français près d'ici ?
エス キ リ ヤ アン ボン レストラン フランセ プレ ディスィ

近くにおいしいフレンチレストランはありますか。

文化　コンシェルジュとはホテルの総合的な接客係のことです。
　　　何か要望や案内してほしいことがあれば、彼らに尋ねてみましょう。

定番フレーズ IV

クリーニングを断る

Vous n'avez pas besoin de nettoyer ma chambre aujourd'hui.
ヴ ナヴェ パ ブゾワン ドゥ ネトワイエ マ シャーンブル オジュルデュイ

きょうは部屋の掃除は結構です。

表現　《 avoir besoin de ＋無冠詞名詞または動詞の原形 》
　　　「〜が必要である」（不規則動詞→ p.182）

語彙　nettoyer「〜を掃除する」（第1群規則動詞）

125

Chapitre 4 - 5

CD 2 / 30

ホテルでのトラブルを伝えるフレーズ

ホテルのトラブルも備えあれば憂いなし？
フランス語の準備も抜かりなく。

部屋のトラブル

ジェ アン プロブレム ダン マ シャーンブル
J'ai un problème dans ma chambre.
部屋に問題があります。

ジュ スュイ デゾレ ケ レ ル プロブレム
Je suis désolée. Quel est le problème ?
申し訳ございません。どのような問題でしょうか。

　部屋のトラブルの際には、まずこう言いましょう。「問題があります」は《 j'ai un problème 》、「部屋のなかに」は dans ma chambre の意味です。
　ホテルの人にどのような問題か聞かれたら、不都合のあるところを伝えます。

✻ イル ニ ヤ パ ド ショードゥ
Il n'y a pas d'eau chaude.
お湯が出ません。

　《 Il n'y a pas 〜. 》は《 Il y a 〜. 》（→ p.72）の否定文で、「〜がありません」という意味です。「お湯」は数えられない名詞なので部分冠詞（→ p.21）をつけて de l'eau chaude ですが、否定文のため、本来つくはずの部分冠詞 de l' は否定の de になります。

126

定番フレーズ I

エアコンのトラブル

La climatisation ne fonctionne pas.
ラ クリマティザスィヨン ヌ フォンクスィヨンヌ パ

エアコンが動いていません。

語彙
la climatisation「エアコン」
fonctionner「作動する」（第1群規則動詞）

文化
フランスの暖房器具は chauffage（ショファージュ）と呼ばれ、パイプ型のものが一般的です。日本では見慣れないので、ホテルの人に使い方を聞くと良いでしょう。

定番フレーズ II

テレビのトラブル

La télévision ne marche pas.
ラ テレヴィズィヨン ヌ マルシュ パ

テレビが見れません。

語彙
marcher「動く、機能する」（第1群規則動詞）

定番フレーズ III

セーフティーボックスのトラブル

Le coffre-fort ne s'ouvre pas.
ル コフル フォール ヌ スーヴル パ

セーフティーボックスが開きません。

語彙
le coffre-fort「セーフティーボックス」
s'ouvrir「開く」（不規則動詞）

定番フレーズ IV

部屋の交換

Est-ce que vous pouvez me changer de chambre ?
エ ス ク ヴ プヴェ ム シャンジェ ドゥ シャーンブル

別の部屋に変えてもらえませんか。

表現
《 Est-ce que vous pouvez ＋動詞の原形 》「〜していただけますか」（→ p.82）
《 changer（人）de 〜（物） 》「（人）の〜を変える」
（me changer 〜「わたしの〜を変える」）

Chapitre 4　これで旅行もバッチリ！場面定番フレーズ

Le restaurant
レストラン

CD 2
31

Quel est le plat du jour ?
きょうのおすすめは何ですか。

une carafe d'eau
水差し一杯の水

la carte
メニュー

la fourchette
フォーク

la cuillère
スプーン

le couteau
ナイフ

le sommelier / la sommelière
男性のソムリエ / 女性のソムリエ

l'assiette
皿

la serviette
ナプキン

la carte des vins
ワインリスト

le plat
料理

Pouvez-vous me conseiller un bon vin blanc ?
おいしい白ワインを
おすすめしてもらえますか。

le pain
パン

un verre
グラス

le vin
ワイン

128

レ　キュイズィーヌ
les cuisines
厨房

ル　キュイズィニエ　　ラ　キュイズィニエール
le cuisinier / la cuisinière
男性の料理人 / 女性の料理人

ラディスィヨン
L'addition,
スィル　ヴ　プレ
s'il vous plaît.
お会計をお願いします。

ル　セルヴール　　ラ　セルヴーズ
le serveur / la serveuse
ウェーター / ウェートレス

アン　デセール
un dessert
デザート

アン　カフェ
un café
コーヒー

ラ　ターブル
la table
テーブル

Chapitre 4

これで旅行もバッチリ！場面定番フレーズ

129

Chapitre 4 — 6

CD 2 / 32

注文に使えるフレーズ

食事は会話をする最大のチャンス。
フランス語を調べておいて試しましょう！

おすすめを頼む

Quel est le plat du jour ?
（ケ ル レ プラ デュ ジュール）
きょうのおすすめは何ですか。

Nous servons un canard élevé dans la région.
（ヌ セルヴォン アン カナール エルヴェ ダン ラ レジョン）
この地方の鴨料理です。

《 Quel est ＋ 名詞 ？ 》（ケ レ）「〜は何ですか」でおすすめを尋ねてみましょう。
「きょうのおすすめ料理」le plat du jour（ル プラ デュ ジュール）のほかにも、「シェフのおすすめ」la spécialité de chef（ラ スペスィヤリテ ドゥ シェフ）、「当レストランのスペシャリテ」la spécialité de la maison（ラ スペスィヤリテ ドゥ ラ メゾン）、「この地方の特産品」la spécialité de la région（ラ スペスィヤリテ ドゥ ラ レジョン）などを入れれば、おすすめの一皿を尋ねることができます。spécialité は、フランス人もよく使う表現です。

このように尋ねると、きっととっておきのスペスィヤリテを教えてくれますよ。

定番フレーズ I　水を頼む

Je voudrais un verre d'eau, s'il vous plaît.
ジュ　ヴドゥレ　アン　ヴェール　ド　スィル　ヴ　プレ

お水を一杯ください。

表現　《 Je voudrais ＋名詞. 》「〜が欲しいです」（→ p.84）
《 un verre de 〜（無冠詞名詞）》「一杯の〜」

文化　フランスではミネラルウォーターや炭酸水がよく飲まれます（→ p.85）。

定番フレーズ II　注文をする

Je peux commander ?
ジュ　プ　コマンデ

注文してもよいですか。

表現　《 Je peux ＋動詞の原形？》「してもよいですか」（→ p.80）

語彙　commander「注文する」（第 I 群規則動詞）

定番フレーズ III　肉の焼き加減

Je voudrais ma viande à point, s'il vous plaît.
ジュ　ヴドゥレ　マ　ヴィヤーンドゥ　ア　ポワン　スィル　ヴ　プレ

お肉はミディアムにしてください。

文化　肉料理の注文の際、《 Vous voulez votre viande saignante ou à point ? 》
（ヴ　ヴレ　ヴォトル　ヴィヤーンドゥ　セニャーントゥ　ウ　ア　ポワン）
と尋ねられたら肉の焼き加減を聞かれています。レアのときは saignant（セニャン）、ミディアムのときは à point（アポワン）、ウェルダンのときは bien cuit（ビヤン　キュイ）と伝えましょう。

定番フレーズ IV　ワインリストを頼む

Je voudrais voir la carte des vins, s'il vous plaît.
ジュ　ヴドゥレ　ヴォワール　ラ　カルト　デ　ヴァン　スィル　ヴ　プレ

ワインリストを見せてください。

表現　《 Je voudrais ＋動詞の原形. 》「〜したいです」（→ p.86）

語彙　la carte des vins「ワインリスト」

Chapitre 4 – 7

CD 2 / 33

食事を楽しむフレーズ

食事中も楽しく会話をしたいですね。
もっとフランス語を学びましょう！

ワインを合わせる

プヴェ　ヴ　ム　コンセイエ
Pouvez-vous me conseiller
アン　ボン　ヴァン　ブラン
un bon vin blanc ?
おいしい白ワインを
おすすめしてもらえますか。

ス　プラ　ドゥ　ポワソン　ヴァ　トレ
Ce plat de poisson va très
ビヤン　アヴェ　カン　ヴァン　ブラン　セック
bien avec un vin blanc sec.
この魚料理には辛口の白ワインが合いますよ。

　　《 Pouvez-vous 〜 ? 》は「〜していただけますか」の表現でしたね（→ p.82）。
「すすめる」は conseiller、目的語である「わたしに」は動詞の直前に me をつけます。
また、「おいしい白ワイン」は un bon vin blanc、「辛口の白ワイン」は un vin blanc sec と言います。ちなみに赤ワインは un vin rouge、甘口のワインは un vin doux です。
　おすすめのワインを尋ねたら、ソムリエはワインリストやワインボトルを見せながら、comme celui-ci「こちらのような」と言って料理に合うワインを教えてくれるでしょう。

セットゥ　ヴィヤーンドゥ　ヴァ　トレ　ビヤン　アヴェ　カン　ヴァン　ルージュ　コム　スリュイ　スィ
✳ **Cette viande va très bien avec un vin rouge comme celui-ci.**
この肉料理にはこちらのような赤ワインが合いますよ。

定番フレーズ I　食事の感想を言う

Le foie gras de ce restaurant est délicieux !
ル　フォワ　グラ　ドゥ　ス　レストラン　エ　デリスィユー

ここのフォワグラは最高ですよ。

語彙
- le foie gras「フォワグラ」
- délicieux「おいしい」

定番フレーズ II　材料を尋ねる

Qu'est-ce qu'il y a dans cette vinaigrette ?
ケ　ス　キ　リ　ヤ　ダン　セットゥ　ヴィネグレット

このドレッシングは何が入っているのですか。

表現《 Il y a 〜. 》「〜があります」（→ p.72）

語彙
- cette vinaigrette「このドレッシング」

定番フレーズ III　アレルギーを伝える

Je suis allergique au lait.
ジュ　スュイ　ザレルジック　オ　レ

わたしは牛乳にアレルギーがあります。

語彙
- être allergique à 〜「〜に対してアレルギーがある」（不規則動詞 être → p.182）
- le lait「牛乳」（前置詞 à と冠詞の縮約に注意→ p.29）

定番フレーズ IV　デザートを頼む

Je prends une tarte aux poires comme dessert, s'il vous plaît.
ジュ　プラン　ユヌ　タルト　ボワール　コム　デセール　スィル　ヴ　プレ

デザートに洋梨のタルトをお願いします。

語彙
- prendre「注文する」（不規則動詞 → p.183）
- une tarte aux poires「洋梨のタルト」

表現《 前置詞 comme ＋名詞 》「〜として」

Chapitre 4　これで旅行もバッチリ！場面定番フレーズ

133

Chapitre 4
8

CD 2
34

食後に使える フレーズ

食後まで楽しくスマートに。
必要なフランス語を調べておきましょう！

支払い

ラディスィヨン
L'addition,
スィル ヴ プレ
s'il vous plaît.
お会計をお願いします。

ウィ　　　マダム
Oui, madame.
トゥ ドゥ スュイット
Tout de suite.
はい、かしこまりました。
ただいまお持ちします。

　「会計」は l'addition（ラディスィヨン）といいます。後ろに、《 s'il vous plaît（スィル ヴ プレ）》をつけるだけで、簡単に支払いを頼むことができます。

　フランスではカフェでもレストランでも支払いはテーブルで行います。手を挙げて《 Monsieur（ムスィユー）（Madame（マダム）), s'il vous plaît（スィル ヴ プレ）!》（男性には monsieur（ムスィユー）、女性には madame（マダム）と呼びかける）と声をかけたり、ジェスチャーしたりするだけで、支払いだとわかってもらえることもあります。

　なお、手を挙げるときは、日本のように手のひらを見せるのではなく、人差し指を立てるのがマナーです。

定番フレーズ I 　カードでの支払い

On peut payer par carte ?
オン ブ ベイエ パール カルト

カードは使えますか。

表現　《 On peut ＋動詞の原形？》「〜できますか」（→ p.81）

語彙　payer par carte「クレジットカードで支払う」

定番フレーズ II 　会計をまとめる

Je vous invite ce soir.
ジュ ヴ ザンヴィットゥ ス ソワール

今晩はわたしのおごりです。

語彙　inviter 〜「〜を招待する、〜におごる」（第 I 群規則動詞）

定番フレーズ III 　食後の誘い

On va boire ailleurs ?
オン ヴァ ボワール アイユール

もう 1 軒飲みに行きませんか。

表現　《 On va ＋動詞の原形？》「〜しに行きませんか」

語彙　boire「飲む」（不規則動詞）
　　　　ailleurs「よそに、別のところに」

定番フレーズ IV 　タクシーを頼む

Appelez-moi un taxi, s'il vous plaît.
アプレ モワ アン タクスィ スィル ヴ プレ

タクシーを呼んでください。

語彙　appeler 〜「〜を呼ぶ」（第 I 群規則動詞）

Chapitre 4　これで旅行もバッチリ！場面定番フレーズ

La boutique
ブティック

CD 2 / 35

ジュ ブ エセイエ セット ジュップ
Je peux essayer cette jupe ?
このスカートを試着してもよいですか。

ラ グラス
la glace
鏡

アン シャポー
un chapeau
帽子

ル ヴァンドゥール
le vendeur /
ラ ヴァンドゥーズ
la vendeuse
男性店員 / 女性店員

ユヌ ヴェスト
une veste
ジャケット

アン サック
un sac
バッグ

ユヌ ジュップ
une jupe
スカート

アン マヌカン
un mannequin
マネキン

アン ジレ
un gilet
ベスト

アン シャンダイユ
un chandail
セーター

ユヌ シュミーズ
une chemise
ブラウス

Chapitre 4

これで旅行もバッチリ！場面定番フレーズ

la cabine d'essayage
ラ カビーヌ デッセイヤージュ
試着室

Pouvez-vous faire un paquet-cadeau, s'il vous plaît ?
プヴェ ヴ フェール アン パケ カドー スィル ヴ プレ
プレゼント用に包んでもらえますか。

un cadeau
アン カドー
プレゼント

la caisse
ラ ケース
レジ

un collier
アン コリエ
ネックレス

une bague
ユヌ バーグ
指輪

des bottes
デ ボット
ロングブーツ

un manteau
アン マントー
コート

un pantalon
アン パンタロン
パンツ

une robe
ユヌ ローブ
ワンピース

des chaussures
デ ショスュール
靴

un parapluie
アン パラプリュイ
傘

137

Chapitre 4
9

CD 2
36

試着に関するフレーズ

買い物も楽しく会話したい！
ショッピングに使える表現を学びます。

試着を頼む

ジュ　ブ　　エセイエ
Je peux essayer
セット　ジュップ
cette jupe ?
このスカートを試着してもよいですか。

ウィ　　マダム
Oui, madame.
ヴ　フェットゥ　ケル　ターイユ
Vous faites quelle taille ?
はい、どうぞ。サイズはいくつですか。

　　試着を頼むときは《 Je peux ＋動詞の原形.》「〜してもよいですか」(→ p.80)と許可を求める表現を使います。
　　「試す」は essayer、「このスカート」は cette jupe です。
　　洋服のサイズを尋ねる表現《 Vous faites quelle taille ? 》はこのまま覚えましょう。靴や手袋のサイズは別の言い方で、quelle pointure となります。
　　店員さんにサイズを聞かれて答えるときは《 Je fais du 〜. 》と言います。日本とはサイズの表記がちがうので注意しましょう。

ジュ　フェ　デュ　トラントュイット
✳ **Je fais du 3 8.**
サイズは 38 です。

定番フレーズ I 別のサイズを頼む

Est-ce que vous avez cette jupe en plus grand ?
エス ク ヴ ザヴェ セット ジュップ アン プリュ グラン

もっと大きいスカートはありませんか。

- **表現**　《 Vous avez ～ ? 》「～がありますか」
- **語彙**　en plus grand「もっと大きい」

定番フレーズ II 色ちがいを頼む

Vous avez ces chaussures dans une autre couleur ?
ヴ ザヴェ セ ショスュール ダン ズュヌ ノートル クルール

色ちがいの靴はありますか。

- **語彙**　ces chaussures「これらの靴」（常に複数形）
- **表現**　dans une autre couleur「ほかの色の」

定番フレーズ III 見てもいいか尋ねる

Je peux regarder ?
ジュ プ ルギャルデ

見てもいいですか。

- **語彙**　regarder「見る」（第 I 群規則動詞）
- **文化**　フランスではお店に入るときかならず《 Bonjour. 》（ボンジュール）とあいさつします。品物を見るときも、勝手に手に取らず、ひと声かけましょう。

定番フレーズ IV 鏡を頼む

Vous avez une glace?
ヴ ザヴェ ユヌ グラス

鏡はありますか。

- **語彙**　une glace「鏡」

Chapitre 4
10

CD 2
37

レジで使える フレーズ

楽しいお買い物。
最後までしっかりフランス語で決めましょう！

プレゼント包装を頼む

Pouvez-vous faire un paquet-cadeau, sil vous plaît ?
（ブヴェ ヴ フェール アン パケ カドー スィル ヴ プレ）
プレゼント用に包んでもらえますか。

Oui, pas de problème.
（ウィ パ ドゥ プロブレム）
はい、もちろんです。

「〜していただけますか？」《 Vous pouvez ＋動詞の原形？ 》《 Pouvez-vous ＋動詞の原形？ 》《 Pourriez-vous ＋動詞の原形？ 》の表現（→ p.82）で、いろいろなことを頼むことができます。

「プレゼント用に包装する」は faire un paquet-cadeau です。フランスではプレゼントだと告げるとすてきな包装にしてくれますよ。

なお、店員さんのセリフ《 Pas de problème. 》は直訳すると、「問題ありません」という意味です。

定番フレーズ I　郵送を頼む

Je voudrais envoyer ce paquet.
ジュ　ヴドゥレ　アンヴォワイエ　ス　パケ

この包みを郵送したいのですが。

語彙
envoyer 〜「〜を郵送する」（第 I 群規則動詞）
ce paquet「この包み（荷物）」

定番フレーズ II　荷物をまとめてもらう

Vous pouvez les mettre ensemble dans mon sac ?
ヴ　プヴェ　レ　メットル　アンサンブル　ダン　モン　サック

それも一緒に袋に入れていただけますか。

語彙
mettre 〜「〜を入れる」（不規則動詞）
ensemble「一緒に」

表現《 前置詞 dans ＋場所 》「〜のなかに」

プラスα　動詞の直前にある le, la, les は冠詞ではなく代名詞で、「それを、それらを」の意味です。話題となっているものが男性名詞なら le、女性名詞なら la、複数なら les を動詞の直前に置きます。

定番フレーズ III　交換の依頼

Pourriez-vous m'échanger cet article ?
プリエ　ヴ　メジャンジェ　セッ　タルティクル

商品を取り替えていただけますか。

語彙
échanger 〜「〜を交換する」（第 I 群規則動詞）
cet article「この商品」

定番フレーズ IV　返品の依頼

Je voudrais rapporter cet article.
ジュ　ヴドゥレ　ラポルテ　セッ　タルティクル

この商品を返品したいのですが。

語彙
rapporter 〜「〜を戻す、返品する」（第 I 群規則動詞）

Le marché
マルシェ

CD 2
38

C'est combien ?
セ コンビヤン
これはいくらですか。

des fleurs — デ フルール — 花

de la viande — ドゥ ラ ヴィヤーンドゥ — 肉

du bœuf — デュ ブフ — 牛肉

du porc — デュ ポーク — 豚肉

du poulet — デュ ブレ — 鶏肉

des fruits — デ フリュイ — フルーツ

des pommes — デ ポム — リンゴ

des oranges — デ ゾラーンジュ — オレンジ

des poires — デ ポワール — 洋梨

des raisins — デ レザン — ブドウ

des ananas — デ ザナナス — パイナップル

du pain — デュ パン — パン

des pamplemousses — デ パンプルムース — グレープフルーツ

Chapitre 4 これで旅行もバッチリ！場面定番フレーズ

Quels sont les légumes de saison ?
ケル ソン レ レギューム ドゥ セゾン
旬の野菜は何ですか。

デュ ポワソン
du poisson
魚

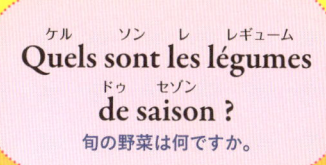

デ レギューム
des légumes
野菜

デ クラブ
des crabes
カニ

デ オマール
des homards
ロブスター

デ ズュイートル
des huîtres
カキ

デ ムール
des moules
ムール貝

デ ゾニョン
des oignons
タマネギ

デ キャロットゥ
des carottes
ニンジン

デ シュー
des choux
キャベツ

デ ポム ドゥ テール
des pommes de terre
ジャガイモ

デ ザスペルジュ
des asperges
アスパラガス

デュ フロマージュ
du fromage
チーズ

143

Chapitre 4

11

CD 2
39

会計に関する
フレーズ

蚤の市をはじめ、ショッピングスポット満載のパリ。
いよいよ値段交渉です！

値段を尋ねる

セ　コンビヤン
C'est combien ?
これはいくらですか。

セ　ドゥ　ズューロ
C'est 2 euros.
これは2ユーロです。

値段を尋ねる表現は、ほかにも次のような表現があります。

サ　クット　コンビヤン
✻ **Ça coûte combien ?**
これはいくらですか。

サ　フェ　コンビヤン
✻ **Ça fait combien ?**
（合計で）いくらになりますか。

　　クテ　　　フェール
　coûter も faire もともに「（値段が）〜する」という意味を持つ動詞です。
　値段を答えるときは《 Ça coûte (fait) 〜 euros. 》です。数字とユーロはリエゾンすることが多いので聞き取りは何度も練習しましょう。
　ちなみに「高いです」は《 C'est cher ! 》、「安いです」は《 Ce n'est pas cher ! 》
や《 Bon marché ! 》です。

定番フレーズ I　値段を交渉する

Vous pouvez me faire un prix ?
ヴ　ブヴェ　ム　フェール　アン　プリ

金額をまけていただけませんか。

- **表現**　《 Vous pouvez ＋動詞の原形 ? 》「～していただけますか」（→ p.82）
- **語彙**　faire ～「～にする」（不規則動詞→ p.182）
  faire un prix à ～「～に値段をまける」
- **プラスα**　faire の前に置かれている me は「わたしに」という意味の代名詞です。

定番フレーズ II　値段を提示する

Pourriez-vous me le faire à 10 euros, s'il vous plaît.
プリエ　ヴ　ム　ル　フェール　ア　ディ　ズーロ　スィル　ヴ　プレ

10 ユーロにしてもらえませんか。

- **表現**　《 Pourriez-vous ＋動詞の原形. 》「～していただけますか」（→ p.83）
  《 à ～ euros 》「～ユーロに」
- **プラスα**　faire の前にある le は冠詞ではなく、代名詞です。ここでは、話題となっているものを指して「それを」という意味で使われています。

定番フレーズ III　おつりを断る

Gardez la monnaie.
ギャルデ　ラ　モネ

おつりはとっておいてください。

- **語彙**　garder ～「～をとっておく」（第 I 群規則動詞）
  la monnaie「小銭、おつり」

定番フレーズ IV　レシートを頼む

Donnez-moi un reçu.
ドネ　モワ　アン　ルスュ

レシートをください。

- **表現**　《 Donnez-moi ＋名詞. 》「わたしに～をください」
- **語彙**　un reçu「レシート、領収書」

Chapitre 4　これで旅行もバッチリ！場面定番フレーズ

Chapitre 4

12

CD 2
40

店主との会話を楽しむフレーズ

マルシェでのおしゃべりはまるで会話のレッスン！
どんどん話しましょう。

旬を尋ねる

Quels sont les légumes de saison ?
ケル ソン レ レギューム ドゥ セゾン
旬の野菜は何ですか。

Nous avons de bonnes asperges.
ヌ ザボン ドゥ ボンヌ ザスペルジュ
おいしいアスパラガスがありますよ。

《 Quels sont 〜 ? 》は、《 Quel est 〜 ? 》「〜は何ですか」の男性・複数形の表現です（→ p.100）。ここでは légumes「野菜」が男性複数形なのでこの形になります。「旬の〜」は《 〜 de saison 》と言います。あわせて、特産品を聞く表現も覚えておきましょう。

✳ **Quels sont les fruits de la région ?**
ケル ソン レ フリュイ ドゥ ラ レジョン
この地方の特産の果物は何ですか。

なお、形容詞が名詞の前にくると、不定冠詞 des は de になるため、des bonnes asperges は de bonnes asperges となります（→ p.23）。

定番フレーズ I　試食を頼む

Puis-je goûter ?
ピュイ　ジュ　グテ

味見をしてもよいですか。

- **表現**　《 Je peux ＋動詞の原形 ? 》「～してもよいですか」（→ p.80）
- **語彙**　goûter「味見する」（第 I 群規則動詞）
- **プラスα**　倒置による疑問文（→ p.33）では《 Peux-je ＋動詞の原形 ? 》ではなく《 Puis-je ＋動詞の原形 ? 》の形になります。

定番フレーズ II　賞味期限を尋ねる

Il faut consommer ce produit jusqu'à quand ?
イル　フォ　コンソメ　ス　プロデュイ　ジュスカ　カン

この商品の賞味期限はいつまでですか。

- **表現**　《 Il faut ＋動詞の原形. 》「～する必要がある」（→ p.90）
　《 jusqu'à quand 》「いつまでに」
- **語彙**　consommer ～「～を消費する」（第 I 群規則動詞）
　ce produit「この商品」

定番フレーズ III　切り売りを頼む

Pourriez-vous vendre ce gâteau à la pièce ?
プリエ　ヴ　ヴァンドル　ス　ガトー　ア　ラ　ピエス

そのお菓子を切り売りしていただけますか。

- **表現**　《 Pourriez-vous ＋動詞の原形 ? 》「～していただけますか」（→ p.83）
- **語彙**　vendre「～を売る」（不規則動詞→ p.183）
　à la pièce「I 個ずつ、ピースで、ばらで」

定番フレーズ IV　おまけを頼む

Mettez-moi une pomme de plus !
メテ　モワ　ユヌ　ポンム　ドゥ　プリュス

もう I 個、リンゴを入れてください。

- **表現**　《 mettre ～ de plus 》「おまけに～をつける」（不規則動詞）
- **語彙**　une pomme「リンゴ」

147

Le tourisme
観光

CD 2
41

l'office de tourisme
観光案内所

l'arc de triomphe
凱旋門

le métro
メトロ

un guide
ガイドブック

une carte
地図

l'Opéra
オペラ座

Est-ce qu'il y a quelques manifestations intéressantes ?
何か面白いイベントはありませんか。

la tour Eiffel
エッフェル塔

un vélo
自転車

un café
カフェ

ラ スタスィヨン
la station
（メトロの）駅

ラ レ ドゥ ビュス
l'arrêt de bus
バス停

アン ビュス
un bus
バス

モンマルトル
Montmartre
モンマルトルの丘

デ カーヴ
des caves
ワイナリー

ル ミュゼ
le musée
デュ ルーヴル
du Louvre
ルーブル美術館

プリエ ヴ ム
Pourriez-vous me
プランドル アン フォト
prendre en photo ?
写真を撮っていただけませんか。

ラ カテドラル ノトル ダム ドゥ パリ
la cathédrale Notre-Dame de Paris
ノートルダム寺院

アン ナパレイユ
un appareil -
フォト
photo
カメラ

Chapitre 4
これで旅行もバッチリ！場面定番フレーズ

149

Chapitre 4
13　観光案内所で使える フレーズ

CD 2　42

旅先の観光案内所は強い味方。
旅行に必要な情報をもらいましょう！

観光案内にて

エ ス キ リ ヤ ケルク
Est-ce qu'il y a quelques
マニフェスタスィヨン アンテレサーントゥ
manifestations intéressantes ?
何か面白いイベントはありませんか。

イリヤ アン デフィレ エ
Il y a un défilé et
アン フ ダルティフィス
un feu d'artifice.
パレードと花火がありますよ。

　フランスでは町ごとに観光案内所 information や office du tourisme があり、どこでも旅行者に親切に対応してくれます。
　《Il y a ～ ?》「～はありますか」（→ p.72）の文章で、さまざまな情報を尋ねてみましょう。
　「いくつかの（文化的な）イベント」は quelques manifestations (culturelles)、「面白い」は intéressant（e）(s) です。
　とくにフランスの夏のイベントの定番といえば、「パレード」un défilé と「花火」un feu d'artifice ですね。

Chapitre 4 — これで旅行もバッチリ！場面定番フレーズ

定番フレーズ I　地図をもらう

Est-ce que vous avez le plan de cette ville ?
エス ク ヴザヴェ ル プラン ドゥ セット ヴィル

この町の地図はありますか。

語彙
le plan「地図」
cette ville「この町」

定番フレーズ II　ホテルの予約

Je voudrais réserver une chambre d'hôtel.
ジュ ヴドゥレ レゼルヴェ ユヌ シャーンブル ドテル

ホテルの予約をしたいのですが。

語彙
réserver 〜「〜を予約する」（第 I 群規則動詞）
une chambre d'hôtel「ホテルのひと部屋」

定番フレーズ III　ツアーの申し込み

Je voudrais m'inscrire à une visite de cave.
ジュ ヴドゥレ マンスクリール ア ユヌ ヴィズィット ドゥ カーヴ

ワイナリーの見学ツアーに申し込みたいのですが。

語彙
s'inscrire à 〜「〜に申し込む」（不規則動詞）
une visite de cave「ワイナリー見学ツアー」

定番フレーズ IV　レンタサイクル

Je voudrais louer un vélo.
ジュ ヴドゥレ ルエ アン ヴェロ

レンタサイクルを利用したいのですが。

語彙
louer 〜「〜をレンタルで借りる」（第 I 群規則動詞）

文化
パリには市営のレンタサイクルがあります。市内のいたるところにパーキングがあり、登録すればどこで借りて、どこに返しても OK です。

Chapitre 4

14

CD 2
43

観光地で使える フレーズ

観光に使える表現をさらに学びましょう！
まだまだ話せることがありますよ。

写真を撮る

プリエ　　　ヴム　　　ブランドル
Pourriez-vous me prendre
アン　フォト
en photo ?
写真を撮っていただけませんか。

ウィ　　ビヤン　スュール
Oui, bien sûr.
はい、もちろんです。

「写真に撮る」は prendre une photo（ブランドル ユヌ フォト）です。「わたしを」を意味する代名詞 me（ム）が動詞 prendre の直前に入ります。

最近は、写真データをメールで送りあう人も多いでしょう。その場合は、近接未来（→ p.74）を使って、こう伝えると良いでしょう。

ジュ　ヴェ　ヴ　ザンヴォワイエ　セット　フォト
✻ **Je vais vous envoyer cette photo.**
あなたにこの写真を送ります。

定番フレーズ I 　チケット売り場にて

ジュ　ヴドゥレ　ドゥ　ビエ　アデュルト　スィル　ヴ　プレ
Je voudrais 2 billets adulte, s'il vous plaît.
チケットを大人2枚ください。

語彙　un billet「チケット」
adulte「大人用の」

定番フレーズ II 　料金の確認

セ　コンビヤン　アン　ビエ　ダントレ
C'est combien, un billet d'entrée ?
入場料はいくらですか。

表現　《 C'est combien ? 》「いくらですか」（→ p.144）
語彙　un billet d'entrée「入場券」

定番フレーズ III 　待ち時間の確認

イル　フォ　タタンドル　コンビヤン　ドゥ　タン　アヴァン　ダントレ
Il faut attendre combien de temps avant d'entrer ?
入場まで何時間待ちですか。

表現　《 Il faut ＋動詞の原形. 》「〜する必要がある」（→ p.90）
《 combien de temps 》「どのくらいの時間」（→ p.104）
《 前置詞 avant de+ 動詞の原形 》「〜する前に」

語彙　entrer「〜に入る」

定番フレーズ IV 　演目の確認

ケ　ス　コン　ジュ　オジュルデュイ
Qu'est-ce qu'on joue aujourd'hui ?
きょうの演目は何ですか。

表現　《 Qu'est-ce que 〜 ? 》「〜は何ですか」（→ p.92）
語彙　jouer「上演する」（第1群規則動詞）

La maison
家

le toit
屋根

les volets
よろい戸

Merci de votre invitation.
お招きいただきありがとうございます。

un arbre
木

la fenêtre
窓

la boîte aux lettres
郵便受け

un cadeau
お土産

la porte
門

une voiture
車

Chapitre 6 これで旅行もバッチリ！場面定番フレーズ

le placard（ル プラカール）
キャビネット

Est-ce qu'il y a quelque chose à faire ?（エス ク キリヤ ケルク ショー ザ フェール）
何かお手伝いできることはありますか。

un coussin（アン クッサン）
クッション

le canapé（ル キャナペ）
ソファー

un libre（アン リーブル）
本

la cheminée（ラ シュミネ）
暖炉

Miaou（ミャウ）

un apéritif（アン ナペリティフ）
食前酒

la table（ラ ターブル）
テーブル

les mouchoirs en papier（レ ムショワール アン パピエ）
ティッシュ

le chat / la chatte（ル シャ / ラ シャット）
オスネコ / メスネコ

155

Chapitre 4

CD 2 45

15

玄関先の あいさつに使える フレーズ

親しくなったフランス人に家に招かれたら……。
習慣のちがいを学びましょう！

お礼を言う

メルスィ　ドゥ　ヴォトル　アンヴィタスィヨン
Merci de votre invitation.
お招きいただきありがとうございます。

アントレ　　　アントレ
Entrez, entrez.
どうぞ、どうぞ、お入りください。

《 メルスィ ドゥ プール
Merci de [pour] 〜. 》「〜をありがとう（ございます）」の文章で、何についてのお礼なのか言えるようになりましょう。「（あなたの）お招き」は votre
アンヴィタスィヨン　　　　　　アントレ　　　　　　　　　　　アントレ　　　　ヴ
invitation です。《 Entrez. 》は「入る」entrer の vous に対する命令形（→ p.36）です。

《 ジュ ヴ ルメルスィ ドゥ
Je vous remercie de 〜. 》のように je を主語にした文章にすると、さらに丁
ジュ
寧にお礼を伝えることができます。remercier は「〜に感謝する」という意味の第
ルメルスィエ
I 群規則動詞です。

ジュ　ヴ　　ルメルスィ　ドゥ　ヴォトル　アンヴィタスィヨン
✳ **Je vous remercie de votre invitation.**
お招き頂きありがとうございます。

定番フレーズ I 気持ちを伝える

ジュ　スュイ　ヴレマン　コンタン　(コントーントゥ)　ドゥ　ヴニール　シェ　ヴ
Je suis vraiment content (e) de venir chez vous.
お宅に伺えてとても嬉しいです。

表現 《 être content(e) de ＋動詞の原形 》「〜することは（が）嬉しい」

語彙 content(e)「嬉しい、満足した」

定番フレーズ II 手土産を渡す

セ　タン　プティ　カドー　プール　ヴ　ルメルシエ
C'est un petit cadeau pour vous remercier.
これはほんの気持ちばかりのお土産です。

表現 《 C'est 〜. 》「これは〜です」（→ p.66）
《 pour vous remercier 》「あなたにお礼をするための」

語彙 un petit cadeau「小さなプレゼント」

定番フレーズ III 差し入れする

ジュ　ヴ　ザポルトゥ　ケルク　ショー　ザ　マンジェ
Je vous apporte quelque chose à manger.
差し入れを持ってきました。

表現 《 quelque chose à ＋動詞の原形 》「何か〜するもの」
《 apporter 〜(物) à (人) 》「〜を〜(人)に持ってくる、運んでくる」

定番フレーズ IV おいとまする

エクスキュゼ　モワ　ドゥ　ヴ　デランジェ　ジュ　パール　トゥ　ドゥ　スュイット
Excusez-moi de vous déranger. Je pars tout de suite.
お邪魔してすみません。すぐにおいとまします。

語彙 déranger「〜を邪魔する」（第 I 群規則動詞）
partir「立ち去る」（不規則動詞→ p.182）
tout de suite「すぐに、ただちに」

Chapitre 4
16 家族とのコミュニケーションに使えるフレーズ

CD 2 46

訪問はフランスを知る絶好の機会。
家族ともたくさんお話ししましょう！

手伝いを申し出る

エス ク キ リ ヤ ケルク
Est-ce qu'il y a quelque
ショー ザ フェール
chose à faire ?
何かお手伝いできることはありますか。

ノン
Non.
ヌ ヴ ザンキエテ パ
Ne vous inquiétez pas.
どうぞお気遣いなく。

　《 Est-ce que ～ ? 》（→ p.32）と《 Il y a ～. 》（→ p.72）を組み合わせて、「～はありますか？」の文章で尋ねましょう。
　「何か～するもの、何か～すべきこと」は《 quelque chose à ＋動詞の原形 》です。
　なお、《 Ne vous inquiétez pas. 》は否定命令文です。動詞 s'inquiéter「心配する」は代名動詞と呼ばれるもので、主語と同じ物を指す再帰代名詞を伴った動詞です。
　ちょっと難しいので本書では詳しい説明は割愛しますが、《 Ne vous inquiétez pas. 》「どうぞお気遣いなく」というフレーズはよく使うので、このまま覚えてしまいましょう。

定番フレーズ I 　自宅にお誘いする

Venez chez moi, si vous voulez.
ぜひ一度我が家にもおいでください。

語彙 《 si vous voulez 》「もしあなたが望むなら、もしよければ」
表現 《 前置詞 chez ＋人 》「〜宅に」

定番フレーズ II 　料理をほめる

Votre femme est très bonne cuisinière.
奥さんはお料理がとても上手ですね。

語彙 votre femme 「あなたの妻」
bon(ne) cuisinier(ère) 「よい料理人、おいしい料理をつくる人」

定番フレーズ III 　家族をほめる

Toute votre famille est très sympathique.
すてきなご家族ですね。

語彙 toute votre famille 「あなたのご家族のみなさん」
sympathique 「感じの良い」（会話ではしばしば sympa（サンパ）と省略）

定番フレーズ IV 　ゲームに誘う

Jouons aux cartes ensemble !
一緒にゲームをしましょう。

表現 《 Jouons 〜 ! 》は jouer の nous に対する命令形「〜しましょう」（→ p.37）
語彙 jouer aux cartes 「トランプ遊びをする」

Les communications
通信

CD 2
47

Allô, je suis bien chez madame Rousseau ?
もしもし、ルソーさんのお電話でしょうか。

Est-ce qu'il y a du Wi-Fi par ici ?
この近くに Wi-Fi スポットはありますか。

Internet
インターネット

un chargeur
充電器

l'ordinateur
パソコン

la souris
マウス

un smartphone
スマートフォン

160

ラ ポスト
La Poste
郵便局

ル ポスティエ　　ラ ポスティエール
le postier / la postière
男性の郵便局員 / 女性の郵便局員

ユヌ　カルト
une carte
ポスタル
postale
はがき

ユヌ　ターンブル
un timbre
切手

ジュ　ヴドゥレ　アンヴォワイエ　ス　パケ
Je voudrais envoyer ce paquet
オ ジャポン　スィル ヴ プレ
au Japon, s'il vous plaît.
この荷物を日本まで送りたいのですが。

ユヌ　レットル
une lettre
手紙

アン　コリッスィモ
un colissimo
国際郵便小包

ユン　ナンヴロップ
une enveloppe
封筒

アン　パケ
un paquet
小包

ラ　ボワット　レットル
la boîte aux lettres
ポスト

Chapitre 4　これで旅行もバッチリ！場面定番フレーズ

161

Chapitre 4

17　CD 2 48

電話に関するフレーズ

電話は相手の顔が見えず話すのが難しいものです。練習しておきましょう！

電話をかけるとき

アロ　ジュ　スユイ　ビヤン　シェ
Allô, je suis bien chez
マダム　　　　ルソー
madame Rousseau ?
もしもし、ルソーさんのお電話でしょうか。

ウィ　トゥ　タ　フェ
Oui, tout à fait.
キ　エ　タ　ラパレイユ
Qui est à l'appareil ?
はい、そうです。どちらさまですか。

「もしもし」はフランス語で《 Allô ! 》と言います。《 Je suis bien chez 〜 ? 》は「〜さんのお電話ですか」という定型表現です。

なお、すぐに当人が電話に出る場合は、次のように言われます。

ウィ　セ　モワ
＊ **Oui, c'est moi.**
はい、わたしです。

また、不在の場合は、こう言われるでしょう。

ウィ　メ　エル（イル）　ネ　パ　ラ　アンス　モマン
＊ **Oui, mais elle(il) n'est pas là en ce moment.**
はい、でも彼女（彼）はいまおりません。

定番フレーズ I 　在宅かどうか確認したいとき

Est-ce que Sophie est là ?
エスク　ソフィ　エラ

ソフィーさんはご在宅ですか。

語彙 là「そちらに」

定番フレーズ II 　伝言をしたいとき

Je voudrais laisser un message à Sophie.
ジュ　ヴドゥレ　レセ　アン　メサージュ　ア　ソフィ

ソフィーさんに伝言をお願いします。

表現 《 Je voudrais ＋動詞の原形. 》「〜したいです」(→ p.86)
《 laisser un message à 〜 》「〜に伝言を残す」

定番フレーズ III 　かけ直すとき

Je vais rappeler un peu plus tard.
ジュ　ヴェ　ラプレ　アン　プ　プリュ　タール

のちほどもう少し経ってからかけ直します。

表現 《 aller ＋動詞の原形 》「〜するつもりです」(近接未来)(→ p.74)

語彙 rappeler 〜「〜に再び電話する、電話をかけ直す」(第 I 群規則動詞)
un peu「少し」
plus tard「もっと遅くに」

定番フレーズ IV 　通話が早すぎるとき

Pouvez-vous parler un peu plus lentement, s'il vous plaît ?
プヴェ　ヴ　パルレ　アン　プ　プリュ　ラントゥマン　スィル　ヴ　プレ

もう少しゆっくり話してもらえますか。

表現 《 Pouvez-vous ＋動詞の原形？》「〜していただけますか」(→ p.82)

語彙 plus lentement「もう少しゆっくりと」

Chapitre 4　これで旅行もバッチリ！場面定番フレーズ

163

Chapitre 4

18　CD 2 / 49

インターネットに関する
フレーズ

毎日の生活に欠かせないインターネット。
必要な語彙を勉強しましょう！

Wi-Fi スポットを尋ねる

Est-ce qu'il y a du Wi-Fi par ici ?
（エ ス キ リ ヤ デュ ウィ フィ パー リスィ）
この近くに Wi-Fi スポットはありますか。

Il y en a partout.
（イリ ヤン ナ パルトゥー）
あちこちにありますよ。

《Il y a ～ ?》「～はありますか」（→ p.72）の文章で尋ねてみましょう。
　Wi-Fi は数えられない名詞なので「いくらかの～」を意味する部分冠詞（→ p.21）をつけます。「無料の Wi-Fi」は Wi-Fi gratuit です。フランスは日本よりもずっと Wi-Fi 環境が整っています。お店や Wi-Fi スポットには看板や表示が出ていますので、簡単に見つけられますよ。
　英語と同じつづりですが発音は「ウィフィ」です。会話では気をつけましょう。

定番フレーズ I　パスワードを尋ねる

Quel est le mot de passe pour se connecter au Wi-Fi ?
ケ　レ　モ　ドゥ　パス　プール　ス　コネクテ　オ　ウィ フィ

Wi-Fi 接続のためのパスワードは何ですか。

表現　《 Quel(le) est 〜 ? 》「〜は何ですか」

語彙　le mot de passe「パスワード」
se connecter au Wi-Fi「Wi-Fi で接続する」

定番フレーズ II　LAN ケーブルを借りる

Je voudrais un câble pour me brancher au LAN.
ジュ　ヴドゥレ　アン　カーブル　プール　ム　ブランシェ　オ　ラン

LAN ケーブルを貸してください。

表現　《 Je voudrais ＋名詞. 》「〜が欲しいです」（→ p.84）

語彙　un câble「ケーブル」
pour se brancher au LAN「LAN に接続するための」

定番フレーズ III　Facebook をしているか聞く

Tu as un compte Facebook ?
テュ　ア　アン　コントゥ　フェイスブック

フェイスブックのアカウント持ってる？

語彙　un compte「アカウント」

定番フレーズ IV　メールアドレスを尋ねる

Pouvez-vous me donner votre adresse mail ?
プヴェ　ヴ　ム　ドネ　ヴォトル　アドレス　メル

メールアドレスを教えてもらえますか。

語彙　donner「与える」（第 I 群規則動詞）
l'adresse mail「メールアドレス」（英語からの借用語）

165

Chapitre 4
19 郵便に関するフレーズ

CD 2 / 50

ふだんの生活でも旅行先でも、やっぱり郵便は欠かせませんね！

小包を送る

ジュ　ヴドゥレ　アンヴォワイエ
Je voudrais envoyer
ス　パケ　オ　ジャポン
ce paquet au Japon,
スィル　ヴ　プレ
s'il vous plaît.
この荷物を日本まで送りたいのですが。

ウィ
Oui.
ヴ　ドヴェ　ランプリール
Vous devez remplir
ス　フォルミュレール　デ　ドゥアンヌ
ce formulaire des douanes.
はい。では、こちらの税関書類に記入をお願いします。

《 Vous devez ＋動詞の原形. 》「〜しなくてはいけません」（→ p.88）の構文で、必要な項目を教えてくれます。remplir は「記入する」、ce formulaire des douanes は「税関書類」です。

paquet「小包」を送るには税関用の書類が必要です。必要事項は日本から送るのと変わりませんので、内容をよく確認して記入しましょう。最近のフランスの La Poste「郵便局」の postier/postière「男性の郵便局員／女性の郵便局員」はとても親切なので、わからないことは何でも尋ねましょう。

定番フレーズ I 切手を買う

C'est combien, un timbre pour le Japon ?
セ　コンビヤン　アン　ターンブル　プール　ル　ジャポン

日本までの切手代はいくらですか。

- **表現**　《 C'est combien ? 》「いくらですか」（→ p.144）
- **語彙**　un timbre「切手」
  pour le Japon「日本宛ての」

定番フレーズ II 速達で送る

Je voudrais envoyer cette lettre en express.
ジュ　ヴドゥレ　アンヴォワイエ　セット　レットル　アン　ネクスプレス

この手紙を速達でお願いします。

- **表現**　《 Je voudrais ＋動詞の原形. 》「～したいです」（→ p.86）
- **語彙**　envoyer ～「～を送る」（第Ⅰ群規則動詞）
  cette lettre「この手紙」
  en express「速達」

定番フレーズ III 小包を送る

Je voudrais envoyer ce colis par Colissimo.
ジュ　ヴドゥレ　アンヴォワイエ　ス　コリ　パール　コリッスィモ

この小包をコリッシモで送りたいです。

- **文化**　国際小包に関しては、現在では Colissimo「コリッシモ」をよく使います。国際スピード宅配便として、帰国の際にお土産を送るのにも便利です。

定番フレーズ IV 小包を受け取る

Je viens retirer un paquet.
ジュ　ヴィヤン　ルティレ　アン　パケ

荷物を受け取りに来ました。

- **表現**　《 venir ＋動詞の原形 》「～しに来ています、～しに来ました」（不規則動詞→ p.182 ）
- **語彙**　retirer「引き出す、取り出す」（第Ⅰ群規則動詞）
  un paquet「小包」

Chapitre 4　これで旅行もバッチリ！ 場面定番フレーズ

Les problèmes
トラブル

CD 2
51

un portfeuille
財布

une voiture de police
パトカー

COMMISSARIAT DE POLICE

le commissariat de police
警察署

un voleur / une voleuse
男性の泥棒 / 女性の泥棒

J'ai perdu mon passeport.
パスポートを失くしてしまいました。

le policier / la policière
男性警察官 / 女性警察官

une carte
地図

Je suis perdue.
Nous sommes où maintenant ?
道に迷いました。いまどこですか。

168

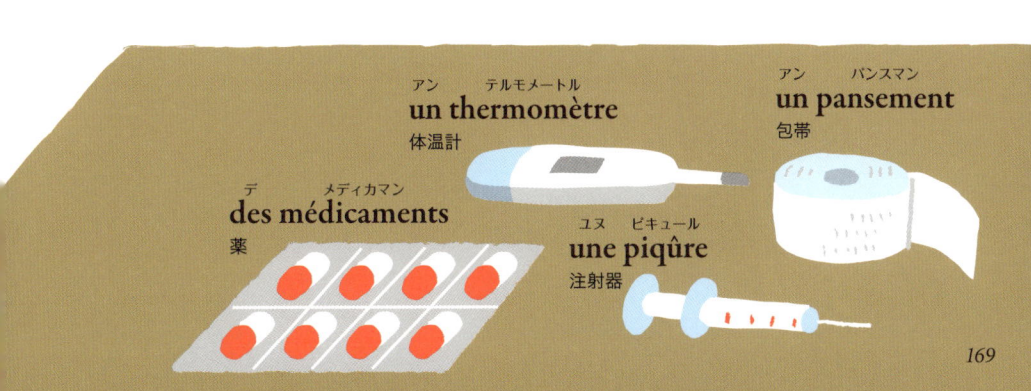

Chapitre 4 これで旅行もバッチリ！場面定番フレーズ

une perfusion (ユヌ ペルフュズィヨン)
点滴

J'ai mal au ventre. (ジェ マ ロ ヴァーントル)
お腹が痛いです。

le médecin (ル メドゥサン)
医者

un dossier médical (アン ドスィエ メディカル)
カルテ

l'infirmier (ランフィルミエ) **/ l'infirmière** (ランフィルミエール)
男性の看護師 / 女性の看護師

le patient (ル パスィヤン) **/ la patiente** (ラ パスィヤーントゥ)
男性の患者 / 女性の患者

un thermomètre (アン テルモメートル)
体温計

un pansement (アン パンスマン)
包帯

des médicaments (デ メディカマン)
薬

une piqûre (ユヌ ピキュール)
注射器

169

Chapitre 4
20 道に迷った際に使えるフレーズ

CD 2 52

> 道に迷ったときも、知らない土地でも、どんどん尋ねてみましょう。

現在地を聞く

Je suis perdue.
ジュ スュイ ベルデュ
Nous sommes où maintenant ?
ヌ ソム ウ マントゥナン
道に迷いました。いまどこですか。

On est dans la rue Pascal.
オ ネ ダン ラ リュ パスカル
パスカル通りにいますよ。

　道に迷ったときには、《 Je suis perdu(e). 》と言います。男性の場合は perdu、女性の場合は perdue と形容詞の性数が主語に一致するので注意しましょう（→ p.23）。《 Où est ～ ? 》「～はどこですか」（→ p.96）の表現で現在地を尋ねましょう。《 Nous sommes ～. 》や《 On est ～. 》は現在地について述べるときに使える表現です。主語の On は文脈によって「（一般的に）人は」や「わたしたちは」を意味しますが、ここでは、「わたしたちは」の意味になります。

　なお、フランスでは町ごとに観光案内所 information や office du tourisme があるので、たいてい町の地図が用意されています。地図があると道を尋ねるにもとても便利ですよ。

170

定番フレーズ I 　道を尋ねる

Excusez-moi. Je cherche la station de métro.
（エクスキュゼ モワ ジュ シェルシュ ラ スタスィヨン ドゥ メトロ）
すみません。メトロの駅を探しているのですが。

語彙 chercher 〜「〜を探す」（第 I 群規則動詞）

定番フレーズ II 　道案内

Allez tout droit, et prenez la troisième rue à droite.
（アレ トゥ ドロワ エ プルネ ラ トロワズィエム リュ ア ドロワット）
まっすぐ進んで 3 つめの通りを右に曲がってください。

語彙 aller tout droit「まっすぐ進む」
prendre la troisième rue「3 つめの道を曲がる」
à droite「右に」

定番フレーズ III 　所要時間を尋ねる

Il faut combien de temps à pied pour arriver à la station ?
（イル フォ コンビヤン ドゥ タン ア ピエ プール ラリヴェ ア ラ スタスィヨン）
駅まで歩いてどのくらいくらいかかりますか。

表現 《 Il faut ＋名詞. 》「〜が必要である」（→ p.90）
《 Combien de temps 〜 ? 》「どのくらいの時間〜」（→ p.104）

語彙 arriver à la station「駅に到着する」
à pied「徒歩で」

定番フレーズ IV 　近道を尋ねる

Est-ce qu'il y a un chemin plus court ?
（エ ス キ リ ヤ アン シュマン プリュ クール）
近道はありますか。

語彙 un chemin plus court「近道」

171

Chapitre 4

CD 2 53

21

紛失・盗難の際に使えるフレーズ

紛失や盗難はできるかぎり避けたいものですが、備えあれば憂いなし、万が一に備えましょう。

紛失届け

ジェ　ベルデュ　モン　パスポール
J'ai perdu mon passeport.
パスポートを失くしてしまいました。

ランプリセ　ス　フォルミュレール　ドゥ　デクララスィヨン　ドゥ　ペルト
Remplissez ce formulaire de déclaration de perte.
紛失証明書に記入をお願いします。

　過去のことを述べるのに、複合過去形という時制で遭遇したトラブルを伝えます。本書では過去形をくわしく扱いませんが、緊急時の重要表現なので、このまま《 J'ai perdu ～. 》「～を失くしました」と覚えてしまいましょう。
　perdre は「失う」という意味の不規則動詞（過去分詞形 perdu）、remplir は「記入する」という意味の第2群規則動詞（→ p.182）です。また ce formulaire de déclaration de pert は「紛失証明書」という意味です。
　万一、パスポートを失くしたら、まずは警察に届け、その後日本大使館に連絡して、再発行の手続きをとりましょう。

定番フレーズ I　泥棒！

Au voleur ! Rattrapez-le !
オ　ヴォルール　ラトペ　ル

泥棒！その男を捕まえてください。

- **表現** 《 Au voleur ! 》「泥棒！」
- **語彙** rattraper 〜「〜を捕まえる」（第 I 群規則動詞）
- **プラスα** 「その男」を指す代名詞 le は動詞の命令形の後ろに -（トレデュニオン）でつなぎます。

《 Au secours ! 》（オ　スクール）「助けて！」も緊急時に必要な言葉です。

定番フレーズ II　盗難

On m'a volé mon portefeuille.
オン　マ　ヴォレ　モン　ポルトゥフイユ

財布を盗まれました。

- **語彙** voler「〜を盗む」（第 I 群規則動詞）
- **プラスα** この例文では過去のことを述べるのに、複合過去が使われています。

定番フレーズ III　警察にて

Je viens pour déclarer un vol.
ジュ　ヴィヤン　プール　デクラレ　アン　ヴォル

盗難を届けに来ました。

- **語彙** déclarer 〜「〜を申告する」（第 I 群規則動詞）
  un vol「盗難」

定番フレーズ IV　遺失物が戻る可能性を聞く

Est-ce qu'il est possible de retrouver mon portefeuille ?
エ　ス　キ　レ　ポスィーブル　ドゥ　ルトルヴェ　モン　ポルトゥフイユ

わたしの財布は見つかるでしょうか。

- **表現** 《 Il est possible de 〜. 》「〜する可能性がある」
- **語彙** retrouver 〜「〜を再び見出す」（第 I 群規則動詞）

Chapitre 4

22

CD 2
54

病院・薬局で使える フレーズ

旅先での体調不良は心細いものです。
必要な語彙とフレーズを学んでおきましょう。

症状を訴える

ケ ス キ ヌ ヴァ パ
Qu'est ce qui ne va pas ?
どこがよくないのですか。

ジェ マ ロ ヴァーントル
J'ai mal au ventre.
お腹が痛いです。

　病院の問診で使えるフレーズを覚えましょう。ドクターに《 Qu'est-ce qui ne va pas ? 》あるいは《 Qu'est-ce qu'il y a ? 》や《 Qu'est-ce qui se passe ? 》「どうしましたか」と尋ねられたら病状を伝えましょう。
　《 avoir mal à 〜 》は「〜が痛い」という意味です。前置詞 à は後に続く名詞につく定冠詞と縮約するので気をつけましょう。

ジェ マ ララ テット
✳ **J'ai mal à la tête.**
頭が痛いです。

ジェ マ ロ ダン
✳ **J'ai mal aux dents.**
歯が痛いです。

定番フレーズ I 　持病を伝える

J'ai de l'asthme.
ジェ ドゥ ラスム
持病のぜんそくがあります。

語彙 de l'asthme「ぜんそく」

定番フレーズ II 　服用薬について

Je ne prends pas de médicament.
ジュ ヌ プラン パ ドゥ メディカマン
薬は飲んでいません。

語彙 prendre 〜「〜を食べる、飲む、服用する」
un médicament「薬」

定番フレーズ III 　薬を求める

Je voudrais un médicament contre le mal d'estomac.
ジュ ヴドゥレ アン メディカマン コントル ル マル デストマ
胃の薬をください。

語彙 un médicament contre le mal d'estomac「胃腸薬」

定番フレーズ IV 　救急車を呼ぶ

Appelez-moi une ambulance.
アプレ モワ ユン ナンビュランス
救急車を呼んでください。

語彙 appeler「〜を呼ぶ」（第 I 群規則動詞）
une ambulance「救急車」

覚えておきたい基礎単語

職業 les professions (→ p.65)

学生	étudiant(e)	音楽家	musicien(ne)
高校生	lycéen(ne)	歌手	chanteur(euse)
会社員	employé(e)	ダンサー	danseur(euse)
（定年）退職者	retraité(e)	菓子職人	pâtissier(ère)
教師	professeur	パン職人	boulanger(ère)
作家	écrivain	公務員	fonctionnaire

＊ Je suis étudiant(e). (→ p.64)

国籍・言語 les nationalités et les langues (→ p.65)

日本人	japonais(e)	アメリカ人	américain(e)
フランス人	français(e)	中国人	chinois(e)
イギリス人	anglais(e)	韓国人	coréen(ne)
ドイツ人	allemand(e)	スイス人	suisse
イタリア人	italien(ne)	ベトナム人	vietnamien(ne)
スペイン人	espagnol(e)	カナダ人	canadien(ne)

＊ Je suis japonais(e). (→ p.65) ／ Je parle japonais. (→ p.25)

国名 les pays

日本	le Japon	アメリカ	les États-Unis
フランス	la France	中国	la Chine
イギリス	l'Angleterre	韓国	la Corée
ドイツ	l'Allemagne	スイス	la Suisse
イタリア	l'Italie	ベトナム	le Viêt-nam
スペイン	l'Espagne	カナダ	le Canada

＊ Je vais au Japon. ／ Je viens du Japon. (→ p.29) ※これらの例文では、前置詞と冠詞の縮約が起こります。

（わたしの）家族 (ma) famille (→ p. 67)

（わたしの）父	(mon) père	（わたしの）母	(ma) mère
（わたしの）兄弟	(mon) frère	（わたしの）姉妹	(ma) sœur
（わたしの）祖父	(mon) grand-père	（わたしの）祖母	(ma) grand-mère
（わたしの）おじ	(mon) oncle	（わたしの）おば	(ma) tante
（わたしの）義父	(mon) beau-père	（わたしの）義母	(ma) belle-mère
（わたしの）従兄弟（従姉妹）	(mon, ma) cousin(e)	（わたしの）両親	(mes) parents

＊ Ce sont mes frères. (→ p.67)　※この例文では、「（わたしの）〜」という意味の所有代名詞をつけています。

文化 les cultures (→ p. 69)

音楽	la musique	歌	la chanson
絵画	la peinture	絵画作品	un tableau
演劇	le théâtre	劇作品	une pièce de théâtre
映画	le cinéma	映画作品	un film
写真	la photo	バレエ	le ballet
スポーツ	le sport	オペラ	l'opéra

＊ J'aime la cuisine française. (→ p.68)

スポーツ les sports (→ p. 69)

サッカー	le foot(ball)	バレエ	le ballet
スキー	le ski	ダンス	la danse
マラソン	le marathon	体操	la gym(nastique)
自転車	le vélo	バレーボール	le volley-ball
水泳	la natation	バスケットボール	le basket(-ball)
テニス	le tennis	ペタンク	la pétanque

＊ J'aime le foot.

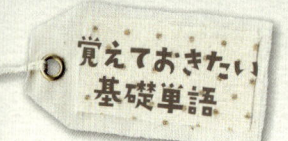

交通（手段） les transports (→ p. 103)

徒歩で	à pied	タクシーで	en taxi
自転車で（会話）	à vélo	バスで	en bus
自転車で	à bicyclette	電車で	en train
オートバイで	à moto	地下鉄で	en métro
自動車で	en voiture	飛行機で	en avion
トラックで	en camion	船で	en bateau

＊ On y va à vélo. (→ p.103) ※この例文では「〜で」à 〜を使っています。

食べ物 les nourritures

肉	la viande	塩	le sel
魚	le poisson	コショウ	le poivre
果物	les fruits	バター	le beurre
オレンジ	les oranges	パン	le pain
りんご	les pommes	砂糖	le sucre
卵	les œufs	サラダ	la salade

飲み物 les boissons

水	l'eau	コーヒー	le café
牛乳	le lait	紅茶	le thé
ジュース	le jus de fruit	日本茶	le thé vert
ビール	la bière	ホットチョコレート	le chocolat chaud
ワイン	le vin	ホットワイン	le vin chaud
コーラ	un coca(-cola)	カフェオレ	le café au lait

＊ Je voudrais de l'eau, s'il vous plaît. (→ p.84)

食器 les vaisselles (レ ヴェセル)

ナイフ	un couteau (アン クトー)	コップ	un verre (アン ヴェール)
フォーク	une fourchette (ユヌ フルシェット)	カップ	une tasse (ユヌ タース)
スプーン	une cuiller, cuillère (ユヌ キュイエール キュイエール)	カラフ	une carafe (ユヌ カラフ)
皿	une assiette (ユン ナスィエット)	ボトル	une bouteille (ユヌ ブテイユ)
コーヒーポット	la cafetière (ラ カフティエール)	壺や瓶などの容器	un pot (アン ポ)
ティーポット	la théière (ラ テイエール)	ナプキン	une serviette (ユヌ セルヴィエット)

小物 les affaires (レ ザフェール)

ネクタイ	une cravate (ユヌ クラヴァット)	鞄、旅行用の荷物	un bagage (アン バガージュ)
スカーフ	une écharpe (ユヌ エシャルプ)	スーツケース	une valise (ユヌ ヴァリーズ)
傘	un parapluie (アン パラプリュイ)	スリッパ	des chaussons (デ ショソン)
袋、鞄	un sac (アン サック)	帽子	un chapeau (アン シャポー)
眼鏡	des lunettes (デ リュネット)	キャップ	une casquette (ユヌ カスケット)
手袋	des gants (デ ガン)	杖	une canne (ユヌ カンヌ)

色 les couleurs (レ クルール)

赤い	rouge (ルージュ)	オレンジ色の	orange (オランジュ)
青い	bleu(e) (ブル)	ベージュの	beige (ベージュ)
黄色い	jaune (ジョーヌ)	ピンクの	rose (ローズ)
緑色の	vert(e) (ヴェール(トゥ))	紫の	violet(te) (ヴィオレ(ットゥ))
白い	blanc(che) (ブラン(ブランシュ))	茶色の	brun(e) (ブラン(ブリュヌ))
黒い	noir(e) (ノワール)	灰色の	gris(e) (グリ(ーズ))

覚えておきたい基礎単語

店 les magasins

スーパー	le supermarché	肉屋	la boucherie
デパート	le grand magasin	豚肉製品屋	la charcuterie
市場	le marché	魚屋	la poissonnerie
ブティック（小売店）	une boutique	パン屋	la boulangerie
薬屋	la pharmacie	ケーキ屋	la pâtisserie
本屋	la librairie	食料品店	l'épicerie

＊ Est-ce qu'il y a une supérette près d'ici ? (→ p.123)　※この例文では、冠詞は不定冠詞にします。

住居 les logements

食堂	la salle à manger	家	la maison
居間、リビング	la salle de séjour	庭	le jardin
居室	la chambre	マンション	l'appartement
キッチン	la cuisine	ガレージ、車庫	le garage
浴室	la salle de bain	プール	la piscine
トイレ	les toilettes	バルコニー	le balcon

建物・施設 les établissements

銀行	la banque	病院	l'hôpital
郵便局	la poste	歯科医	le dentiste
教会	l'église	美術館	le musée
市役所	la mairie	劇場	le théâtre
学校	l'école	映画館	le cinéma
大学	l'université	ホテル	l'hôtel

自然・動物 la nature et les animaux

海	la mer	猫	les chats
山	la montagne	犬	les chiens
海岸、浜辺	la plage	鳥	les oiseaux
湖	le lac	魚	les poissons
田舎	la campagne	馬	les chevaux
町、都会	la ville	ノミ	les puces

身体 les parties du corps (→ p.174)

頭	la tête	眼	l'œil, les yeux
腹	le ventre	耳	l'oreille, les oreilles
胃	l'estomac	口	la bouche
足	le pied, les pieds	歯	les dents
手	la main, les mains	喉	la gorge
腰	le dos	髪	les cheveux

＊ J'ai mal au ventre. (→ p.174) ※この例文では、前置詞と冠詞の縮約が起こります。

感情・性格 le sentiment et le caractère

幸福な	heureux(se)	親切な	gentil(le)
不幸な	malheureux(se)	感じのよい	sympathique
大喜びの	ravi(e)	いじわるな	méchant(e)
積極的な	actif, active	まじめな	sérieux(se)
嫉妬深い、ねたんだ	jaloux(se)	内気な、臆病な	timide
神経質な、緊張した	nerveux(se)	満足している、嬉しい	content(e)

＊ Je suis vraiment content(e) de venir chez vous. (→ p.157) ＊ Toute votre famille est très sympathique. (→ p.159)

181

基本動詞の活用

parler（パルレ）～を話します

je parle (ジュ バルル)	nous parlons (ヌ バルロン)
tu parles (テュ バルル)	vous parlez (ヴ バルレ)
il parle (イル バルル)	ils parlent (イル バルル)
elle parle (エル バルル)	elles parlent (エル バルル)

＊第１群規則動詞（-er 動詞）

finir（フィニール）～を終えます

je finis (ジュ フィニ)	nous finissons (ヌ フィニッソン)
tu finis (テュ フィニ)	vous finissez (ヴ フィニッセ)
il finit (イル フィニ)	ils finissent (イル フィニッス)
elle finit (エル フィニ)	elles finissent (エル フィニッス)

＊第２群規則動詞（-ir 動詞）、remplir「記入します」と同型。

être（エートル）～です

je suis (ジュ スュイ)	nous sommes (ヌ ソム)
tu es (テュ エ)	vous êtes (ヴ ゼットゥ)
il est (イル レ)	ils sont (イル ソン)
elle est (エル レ)	elles sont (エル ソン)

avoir（アヴォワール）～を持っています

j'ai (ジェ)	nous avons (ヌ ザヴォン)
tu as (テュ ア)	vous avez (ヴ ザヴェ)
il a (イル ラ)	ils ont (イル ゾン)
elle a (エル ラ)	elles ont (エル ゾン)

aller（アレ）行きます

je vais (ジュ ヴェ)	nous allons (ヌ ザロン)
tu vas (テュ ヴァ)	vous allez (ヴ ザレ)
il va (イル ヴァ)	ils vont (イル ヴォン)
elle va (エル ヴァ)	elles vont (エル ヴォン)

venir（ヴニール）来ます

je viens (ジュ ヴィヤン)	nous venons (ヌ ヴノン)
tu viens (テュ ヴィヤン)	vous venez (ヴ ヴネ)
il vient (イル ヴィヤン)	ils viennent (イル ヴィエンヌ)
elle vient (エル ヴィヤン)	elles viennent (エル ヴィエンヌ)

partir（パルティール）出発します

je pars (ジュ パール)	nous partons (ヌ パルトン)
tu pars (テュ パール)	vous partez (ヴ パルテ)
il part (イル パール)	ils partent (イル パルトゥ)
elle part (エル パール)	elles partent (エル パルトゥ)

faire（フェール）～をします、～をつくります

je fais (ジュ フェ)	nous faisons (ヌ フゾン)
tu fais (テュ フェ)	vous faites (ヴ フェットゥ)
il fait (イル フェ)	ils font (イル フォン)
elle fait (エル フェ)	elles font (エル フォン)

＊ sortir「出ます」、dormir「寝ます」と同型。

savoir （サヴォワール） 〜を知っています、〜ができます（能力）

je sais (ジュ セ)	nous savons (ヌ サヴォン)
tu sais (テュ セ)	vous savez (ヴ サヴェ)
il sait (イル セ)	ils savent (イル サーヴ)
elle sait (エル セ)	elles savent (エル サーヴ)

devoir （ドゥヴォワール） 〜しなくてはいけません（必要・義務）

je dois (ジュ ドワ)	nous devons (ヌ ドゥヴォン)
tu dois (テュ ドワ)	vous devez (ヴ ドゥヴェ)
il doit (イル ドワ)	ils doivent (イル ドワーヴ)
elle doit (エル ドワ)	elles doivent (エル ドワーヴ)

pouvoir （プヴォワール） 〜ができます（可能）〜してもよいです（許可）

je peux (ジュ プ)	nous pouvons (ヌ プヴォン)
tu peux (テュ プ)	vous pouvez (ヴ プヴェ)
il peut (イル プ)	ils peuvent (イル プーヴ)
elle peut (エル プ)	elles peuvent (エル プーヴ)

vouloir （ヴロワール） 〜が欲しいです、〜がしたいです

je veux (ジュ ヴ)	nous voulons (ヌ ヴロン)
tu veux (テュ ヴ)	vous voulez (ヴ ヴレ)
il veut (イル ヴ)	ils veulent (イル ヴール)
elle veut (エル ヴ)	elles veulent (エル ヴール)

prendre （プランドル） 〜を取ります、〜注文します、食べます

je prends (ジュ プラン)	nous prenons (ヌ プルノン)
tu prends (テュ プラン)	vous prenez (ヴ プルネ)
il prend (イル プラン)	ils prennent (イル プレンヌ)
elle prend (エル プラン)	elles prennent (エル プレンヌ)

＊ apprendre 「〜を学んでいます」と同型。

vendre （ヴァンドル） 〜を売ります

je vends (ジュ ヴァン)	nous vendons (ヌ ヴァンドン)
tu vends (テュ ヴァン)	vous vendez (ヴ ヴァンデ)
il vend (イル ヴァン)	ils vendent (イル ヴァンドゥ)
elle vend (エル ヴァン)	elles vendent (エル ヴァンドゥ)

＊ attendre 「〜を待ちます」と同型。

connaître （コネートル） 〜を知っています、〜がわかります

je connais (ジュ コネ)	nous connaissons (ヌ コネソン)
tu connais (テュ コネ)	vous connaissez (ヴ コネセ)
il connaît (イル コネ)	ils connaissent (イル コネス)
elle connaît (エル コネ)	elles connaissent (エル コネス)

falloir （ファロワール） 〜が必要です

je － (ジュ)	nous － (ヌ)
tu － (テュ)	vous － (ヴ)
il faut (イル フォ)	ils － (イル)
elle － (エル)	elles － (エル)

＊命令文はありません。

著者
白川理恵（しらかわ りえ）　Rie Shirakawa

航空会社勤務を経て、上智大学大学院文学研究科フランス文学専攻博士後期課程単位取得退学。現在は目白大学などで非常勤講師を務める。専門は18世紀フランス文学。日本ソムリエ協会認定ソムリエ。

フランス語校正者
ブルノ・ペーロン　Bruno Peyron

上智大学文学部フランス文学科准教授。

イラスト
うつみちはる

ナレーション
野村富美江／Jennifer Julien／Uzan Julien

編集協力・デザイン
ジーグレイプ株式会社

編集担当
遠藤やよい（ナツメ出版企画株式会社）

本書に関するお問い合わせは、書名・発行日・該当ページを明記の上、下記のいずれかの方法にてお送りください。電話でのお問い合わせはお受けしておりません。
・ナツメ社webサイトの問い合わせフォーム
　　https://www.natsume.co.jp/contact
・FAX（03-3291-1305）
・郵送（下記、ナツメ出版企画株式会社宛て）

なお、回答までに日にちをいただく場合があります。正誤のお問い合わせ以外の書籍内容に関する解説・個別の相談は行っておりません。あらかじめご了承ください。

ナツメ社Webサイト
https://www.natsume.co.jp
書籍の最新情報（正誤情報を含む）はナツメ社Webサイトをご覧ください。

CD付き　オールカラー
基礎からレッスン
はじめてのフランス語

2016年10月 6日　初版発行
2022年 9月10日　第10刷発行

著　者　白川理恵　©Shirakawa Rie, 2016
発行者　田村正隆
発行所　株式会社ナツメ社
　　　　東京都千代田区神田神保町1-52
　　　　ナツメ社ビル1F（〒101-0051）
　　　　電話 03-3291-1257（代表）　FAX 03-3291-5761
　　　　振替 00130-1-58661
制　作　ナツメ出版企画株式会社
　　　　東京都千代田区神田神保町1-52
　　　　ナツメ社ビル3F（〒101-0051）
　　　　電話 03-3295-3921（代表）
印刷所　ラン印刷社

ISBN978-4-8163-6108-1　Printed in Japan
〈定価はカバーに表示してあります〉〈乱丁・落丁本はお取り替えします〉

本書の一部または全部を著作権法で定められている範囲を超え、ナツメ出版企画株式会社に無断で複写、複製、転載、データファイル化することを禁じます。